U0947898
优势策略营销
ABRAHAM 101
Creating Exponential Growth in Your Business… And Exponential Joy in Your Life
觉得自己不够富有吗？我可以证明，你完全能比现在富有许多倍。学习并实践策略营销法则，你将充分发挥生活、事业与人际关系潜能，实现预定的人生目标。

“你可以像我一样成功”
亿万美

通过参加“亿万营销周末研讨会”，你将学会如何找出自己的独特卖点，如何采用顾问式销售，如何通过客户推荐体系和联合经营使收入倍增。我会将自己的毕生所学传授给你。

为时3天的营销课程，内容兼顾理论与实务。学员聚精会神、全心参与，培训效果显著。

“营销之神”折服数万中国企业家

杰·亚伯拉罕的课程理念能让任何一个国家的企业利润倍增，中国的企业更需要他的营销策略。学员们都深有体会，他的策略可以推动“中国制造”快速前进。

Millionaire Weekend

杰·亚伯拉罕与中国企业家在一起

亚伯拉罕课上课下均不忘提携中国学员，他的侃侃而谈和循循善诱，使企业家们受益匪浅。

授课之余不忘了解中国文化。悠久的历史、精妙的书法，令亚伯拉罕叹服不已。

ABRAHAM 101

为精英阅读而努力

Win 营销

"iHappy管理者"
系列图书项目介绍

世界图书出版广东有限公司
深圳市中资海派文化传播有限公司

合力打造《世界经管学术经典文库》正式面市

《世界经管学术经典文库》由"iHappy 管理者"系列图书拉开大幕。

秉承"为精英阅读而努力"的理念，中资海派潜心挖掘商务人士的深层次需求，精心构建了"Fierce 管理""Power 谈判""Perfect 沟通""Win 营销"产品线，立志服务于商界精英的职场生活。

该书系涵盖了领导管理、商务谈判、职场沟通、市场营销等领域，引领新经营管理思潮，兼顾实用性与启发性，让读者即时掌握商业世界的脉动。本书系表现形式理性而不晦涩，专业而不枯燥，让读者在休闲轻松的阅读中，不知不觉提高商务竞争力。

Fierce 管理

中资海派已出版和即将推出的该系列图书有：

由比尔·乔治（Bill George）所著，长踞 *CEO READ*、《华尔街日报》《商业周刊》畅销书榜的《真北》(*True North*) 和《卓越领导的七项修炼》(*7 Lessons for Leading in Crisis*)；

由马歇尔·古德史密斯（Marshall Goldsmith）所著，长踞亚马逊商业类图书冠军、最具影响力的管理类经典著作《管理中的魔鬼细节》(*What Got You Here Won't Get You There*) 和《魔劲》(*MOJO*)；

最伟大的商业管理思想家肯·布兰佳(Ken Blanchard)所著的《知道做到》(*Know Can Do*)和《谁谋杀了变革先生》(*Who Killed Change*);

全球顶级管理哲学大师多弗·塞德曼(Dov Seidman)所著，长踞亚马逊畅销书榜的管理类图书《未来领导者》(*How*);

管理学之父彼得·德鲁克(Peter Drucker)、企管大师吉姆·柯林斯(Jim Collins)、营销大师菲利普·科特勒(Philip Kotler)、领导力大师吉姆·库泽斯(Jim Kouzes)联袂打造的《组织生存力》(*The Five Most Important Questions You Will Ever Ask About Your Organization*);

当今世界最伟大的领导者之一、美国总统自由勋章获得者弗朗西斯·赫塞尔本(Frances Hesselbein)的《同心圆领导力》(*Hesselbein on Leadership*);

全球商业领域公认的思想领袖苏珊·斯科特(Susan Scott)所著的《优势领导力》(*Fierce Leadership*);

管理大师彼得·德鲁克嫡传弟子、顶级招聘专家杰夫·斯玛特(Geoff Smart)联手哈佛商学院MBA、资深人力资源专家兰迪·斯特里特(Randy Street)共同打造的《聘谁》(*Who*);

由应用信息经济学创始人、国际知名决策分析师和风险管理专家道格拉斯·W.哈伯德(Douglas W. Hubbard)所著，长踞亚马逊商业类畅销书榜首的管理类图书《数据化决策》(*How to Measure Anything*);

“领导者的领导”、食品巨头金宝汤前CEO道格拉斯·柯南特(Douglas Conant)联手“领导者的教师”、战略领导学和策略研究专家梅特·诺加德(Mette Norgaard)打造的《触点》(*Touchpoints*);

惠普公司前全球副总裁兼首席技术官菲尔·麦肯尼(Phil McKinney)的《创客学》(*Beyond the Obvious*)以及下列作品:

The Little book of Leadership by Jeffrey Gitomer;

The Three Rules by Michael E. Raynor and Mumtaz Ahmed；

Superteams by Khoi Tu；

Leadership Conversations by Alan S. Berson and Richard G. Stieglitz；

Turn the Ship Around by L.David Marquet；

Leadership and the Art of Struggle by Steven Snyder 等。

Power 谈判

中资海派已出版和即将推出的该系列图书有：

美国前总统克林顿首席谈判顾问、王牌谈判大师罗杰·道森（Roger Dawson）的经典作品《优势谈判》（*Secrets of Power Negotiating*）和《绝对成交》（*Secrets of Power Negotiating for Salespeople*）；

世界三大谈判大师之一赫布·科恩（Herb Cohen）的“世界上最权威的谈判读本”《谈判无处不在》（*You can Negotiate Anything*）；

国际谈判巨头吉姆·坎普 (Jim Camp) 所著、全球畅销逾 1 000 万册的《谈判从说“不”开始》（*NO*）以及下列作品：

The Negotiation Book by Steve Gates 等。

Perfect 沟通

中资海派已出版和即将推出的该系列图书有：

由 FBI 特邀顾问、国际跨界沟通专家马克·郭士顿（Mark Goulston）所著的《只需倾听》（*Just Listen*）；

美国企业家大奖得主、优势沟通第一人苏珊·斯科特 (Susan Scott) 所著、《华尔街日报》《今日美国》畅销力作《非常对话》(*Fierce Conversations*)；

著名肢体语言专家、美国政商两界一致推崇的沟通大师托尼娅·瑞曼（Tonya Reiman）的《从读心到攻心》（*The Yes Factor*）；

国际人类行为学领域的领袖大卫·李柏曼（David J. Lieberman）打造的《纽约时报》经典畅销书《看谁在说谎》（*Never Be Lied To Again*）、《看谁听谁的》（*Executive Power*）、《看谁听你的》（*Get Anyone to Do Anything*）；

全球顶级“陈述教练”乔恩·斯蒂尔（Jon Steel）的《完美陈述》（*Perfect Pitch*）；

最具影响力的说服大师罗伯特·迈耶（Robert Mayer）所著的《优势说服力》（*How to Win Any Argument*）以及下列作品：

Real Influence by Mark Goulston；

How to Say Anything to Anyone by Shari Harley 等。

Win 营销

中资海派已出版和即将推出的该系列图书有：

说服力营销大师凯文·霍根（Kevin Hogan）和詹姆斯·斯皮克曼（James Speakman）合著的《说服你其实很简单》（*Covert Persuasion*）；

美国头号市场营销战略家、在线行为研究之王比尔·唐瑟尔（Bill Tancer）所著，助力奥巴马成为美国第一位网络总统的《在线为王》（*Click*）；

“美国最成功服装店”的首席执行官杰克·米切尔（Jack Mitchell）浓缩50年事业精华的销售圣经《拥抱你的客户》（*Hug Your Customers*）；

备受赞誉的网络营销战略家戴维·米尔曼·斯科特（David Meerman Scott）的畅销之作《直达买家》（*The New Rules of*

Marketing and PR）；

美国最年轻的网络营销鬼才瑞安·霍利迪（Ryan Holiday）所著、令《纽约时报》顶礼膜拜的畅销力作《一个媒体推手的自白》（*Trust Me, I'm Lying*）；

“全球策略营销之神”杰·亚伯拉罕（Jay Abraham）亲授营销制胜秘诀的《优势策略营销》(*Abraham 101*) 以及下列作品：

Bargain Fever by Mark Ellwood 等。

如果你想提高职场竞争优势、提升个人知名度、打造公司品牌，阅读“iHappy 管理者”系列图书是你的不二之选。

另外，为了适应市场发展要求，中资海派成立了“iHappy 管理者”系列图书专家委员会，诚邀国内相关领域的权威、专业人士拨冗推荐该系列图书，并在编辑加工图书的过程中提出宝贵意见。

优势策略营销

〔美〕杰·亚伯拉罕（Jay Abraham）◎著
伍文韬 陈 书 ◎译

中国出版集团
世界图书出版公司
广州·北京·上海·西安

图书在版编目（CIP）数据

优势策略营销 /（美）亚伯拉罕（Abraham,J.）著；伍文韬，陈书译 .—广州：世界图书出版广东有限公司，2013.8

书名原文：Abraham 101

ISBN 978-7-5100-6803-4

Ⅰ. 优… Ⅱ. ①亚…②伍…③陈… Ⅲ. ①营销策略 Ⅳ. ① F713.50

中国版本图书馆 CIP 数据核字（2013）第 195932 号

版权登记号 图字：19-2013-079

优势策略营销

策　　划：中资海派
执行策划：黄　河　桂　林
责任编辑：钟加萍
责任技编：刘上锦
特约编辑：董莹雪　涂玉香
装帧设计：张　英
出版发行：世界图书出版广东有限公司
（广州市新港西路大江冲 25 号　　邮政编码：510300）
电　　话：020-84451013
http：//www.gdst.com.cn　E-mail: pub @gdst.com.cn
印　　刷：深圳市东亚彩色印刷包装有限公司
经　　销：各地新华书店
开　　本：787mm × 1092mm　1/16
印　　张：14
字　　数：191 千
版　　次：2013 年 10 月第 1 版
印　　次：2013 年 11 月第 2 次印刷
书　　号：ISBN978-7-5100-6803-4 / F·0113
定　　价：58.00 元

如发现印装质量问题影响阅读，请与承印厂联系退换。

致中国读者信

An open letter of hopefulness and prosperity for all business owners and entrepreneurs whose businesses are not producing the successes you deserve.

You probably know my name and the work that I' ve done for the last 9 years in China. I grow businesses for a living of all kinds and all sizes. I help business owners and entrepreneurs like you take a business that' s stuck and transform its performance in all of these nine ways:

1. Are You Stuck Losing Out to the Competition?
2. Are You Stuck Not Selling Enough?
3. Are You Stuck with Erratic Business Volume?
4. Are You Stuck Failing to Strategize?
5. Are You Stuck with Costs Eating Up All Your Profits?
6. Are You Stuck Still Doing What' s Not Working?
7. Are You Stuck Being Marginalized by the Marketplace?
8. Are You Stuck with Mediocre Marketing?
9. Are You Stuck Still Saying "I Can Do It Myself"?

The book you are about to read was created to help you and your business get unstuck as easily and quickly as possible. It is designed to teach you the most powerful and profitable, but safe and high probability strategies and philosophies you can use to take your business and grow it past all the other companies you' re competing against in China – or the world.

I have other books published in China, however, this book is especially designed to provide you with the understanding you require and the action steps you want to make your business immediately and continuously work harder for you, produce more sales for you, build more buyers for you – and result in far greater income for you, for years to come.

I hope you enjoy reading my book. I hope you enjoy following the ideas and recommendations you' ll learn on each page you' ll be reading.

Jay Abraham

致中国读者信

这是一封充满希望之信，旨在给所有希望取得事业成功的企业家带来福音。

你可能听说过我的名字，以及过去9年里我在中国开展的工作。我帮助各种类型、不同规模的企业拓展业务，取得进步。我帮助过很多像你一样的企业家从下面9种困境中扭亏为盈：

- 你是否不断失去竞争优势？
- 你的销售业绩是否毫无起色？
- 你的经营所得是否长期不稳定？
- 你是否缺乏战略发展规划？
- 你是否亏多盈少，入不敷出？
- 你是否深陷经营泥潭，无法自拔？
- 你是否失去市场份额，几乎无立足之地？
- 你是否止步于平庸的营销方式？
- 你是否深陷困境仍不愿寻求帮助？

你将读到的这本书旨在帮助你和你的企业尽快、尽可能容易地摆脱经营困境。它将教给你最强大、最吸金、最安全、最高效的策略和理念，帮助你的企业超越其他所有企业，获得竞争优势，称雄中国，傲视世界。

我在中国还出版过其他书，眼下这本书的独特之处在于：它能为你提供壮大企业、快速获利、提高销量、提高利润、赢得更多客户所必需的理念和策略。

我希望你会喜欢这本书，我也希望书中的理念和建议能为你所用。

杰·亚伯拉罕

朱清成
杰·亚伯拉罕"中国合伙人"
《成功》杂志国际中文版发行人
上海远东企业经营研究所所长

营销巨擘，中国深耕

如果说这世界上还有谁能教中国人做生意的话，当首推犹太人了，而杰·亚伯拉罕正是一位在营销业最负盛名的美裔犹太人。

亚伯拉罕天资聪颖、博学多闻，加以处事用心，事无钜糜常能过目不忘，故能累积世学、蔚为大家。

初识大师是在美国，虽然耳闻大师多年声名、又曾于新马地区多次与其接触、聆听课教，但仍难窥其瀚海学识于一二。记得那次是带国内一位新秀讲师去拜会《心灵鸡汤》作者马克·汉森，邀约他来中国演讲，没想到甫一入住酒店，就接到杰·亚伯拉罕的电话，原来马克与亚伯拉罕早已是多年惺惺相惜的至交好友（两人同月同日生，相差一岁）。难怪我一到美国，他立刻就知道了。这次电话足足谈了40分钟，当然几乎全都是他在自我推销：他早已知我是《成功》杂志中文版的发行人，也是中国境内顶级的专业演讲经纪人，加以马克对我添油加醋的描绘介绍（马克个性爽朗、为人四海、好交益友，当会如此），让我毫无招架之力，难以拒绝，当下承诺成为其中国的经纪人。用现在流行的话讲，应该叫“中国合伙人”吧。

一位久享盛名而又饱学多闻之当代耆宿仍能如此放下身段、目标精确地自我推销，无怪乎其于营销市场之泰斗声名至今不坠。而亚伯拉罕最为熟识者津津乐道的是，他永远把帮助客户放在第一位，所有的努力全部环绕这一核心主旨，不厌其烦、循序渐进、循循善诱，不达目标、绝不罢休。亚伯拉罕的执著精神更在他坚毅的眼神与孜孜不倦的话语中尽显无遗。40 年来他走遍全球五大洲上百个国家和地区，为 465 种行业、2 万多家企业提供辅导与咨询，从而造就了他无与伦比的营销巨擘地位。

读亚伯拉罕的书、听亚伯拉罕的演讲，的确都是快速打开营销之门的捷径。他的教材书籍整理之细致非常人能及，环环相扣的策略应用，更是非有缜密思维如他者不能串联，加以海量之实务印证，成就了亚伯拉罕部部精彩绝伦的著作。

有幸在邀约亚伯拉罕来华举办讲座之同时，推出此书；更有幸在即将与亚伯拉罕共同成立中国合资公司之同时，为其新书之付梓写序，与有荣焉。兹为之序。

郭树良
世界大师中国行副主席
中央电视台营销顾问
上海金丝猴食品股份有限公司副总裁

营销为你插上腾飞的翅膀

认识杰·亚伯拉罕先生已经是6年前的事了，那也是我营销生涯中最艰难的几年，是亚伯拉罕先生的策略营销帮助我克服一次又一次的困难，最终取得了中国糖果行业连续11年销售第一名的好成绩。

2007年7月，亚伯拉罕先生第一次到中国讲学，也是我从事销售工作的最后几年。作为一名销售人员，在一个行业内1年即成为销售冠军比较容易，连续3年成为销售冠军也能够做得到，持续10年以上保持行业冠军的荣誉就没那么简单。我做糖果销售的最后3年就面临着巨大的压力和挑战。为了达成自己的目标，我先后拜访和学习过国内外数十位营销大师，但对我帮助最大的还是杰·亚伯拉罕先生。

第一次听亚伯拉罕的课程，印象最深的是他讲的“倍增业绩的三大法宝”，即倍增客户的数量、倍增客户的单次消费金额、倍增客户的消费频率。听完课后我作了认真分析。他讲的虽然都是营销中的一些常用术语和元素，但通过其“营销之手”把这些元素进行科学的组合，并上升到一种理论的高度，再加上他讲的案例，就会发生神奇的变化。回去后，我把他的理论一项项落实到营销实践中，那一年我的销售业绩真的提升了30%。第二年，当亚伯拉罕再一次来到中国讲学时，我还上台给大家分享了我的学习经验。

据我所知，来自全世界数以千计的经营者或营销人员都像我一样曾求助于杰·亚伯拉罕。他提供的策略使许多在激烈竞争中苦苦挣扎的公司重获新生，重新定位后的企业在市场中的独特卖点也日益凸显出来。比如世界第一名的潜能开发大师安东尼·罗宾运用杰·亚伯拉罕的策略，从一家濒临倒闭的负债公司的经营者，一年之内成为世界第一的潜能开发者、畅销书作者、亿万富翁。当你按照他的这些营销策略做事，你的人生就会发生天翻地覆的改变!

亚伯拉罕认为，营销是一门兼具科学和艺术双重特性的学问，甚至在某种程度上，艺术成分高于科学成分。作为一个举世公认的拥有活力和先见之明的大师，杰·亚伯拉罕先生的长处就是能站在旁观者的角度思考问题，这使他成功地发现并实施具有创造性的方法，用以解决非常复杂的难题，从而为客户带来高质量的商业运作成果。即使在不利的商业环境中，通过他的营销策略也能大幅度提高销售业绩。

多年来，我运用亚伯拉罕先生教授的稀缺性、紧迫感、塑造价值、风险逆转、独特卖点等营销策略，在销售工作中取得了卓越的成绩，被中国食品协会授予“中国糖果销售第一人”称号，又被中央电视台聘为营销顾问。2012年12月，当亚伯拉罕再次来到中国时，听到我的成绩非常高兴，在3天的课程中先后6次提到我的名字和案例，还亲自为我颁发了“中国糖果营销冠军”的奖牌。课程结束后，他听说我的新书《卖法》即将出版，又专门抽出一个半小时，为其提了16条建议和销售策略。

在此，我衷心地感谢亚伯拉罕先生的真诚帮助和支持！在他的新书《优势策略营销》即将出版发行之际，我向大家隆重推荐。相信他的营销智慧和策略一定能为你的事业插上腾飞的翅膀，并创造出惊人的业绩和更加辉煌的人生！

世界大师中国行是由国内主流商业媒体《21世纪经济报道》和《21世纪商业评论》联合发起，摩克丁（中国）创办，致力推动中外商业思想交流的高端品牌。

世界大师中国行已相继邀请了世界行销大师杰·亚伯拉罕、世界谈判大师罗杰·道森、世界客户服务大师大卫·弗曼多、2008年度诺贝尔经济学奖获得者保罗·克鲁格曼、世界犹太人理事会主席杰克·罗森和美国前总统乔治·W·布什等众多享有广泛国际声誉的商业大师及政要前来中国，他们的课程涵盖市场营销、管理、品牌、领导力、客户关系管理、组织战略、商业谈判、犹太智慧、资本运作等几十个商业范畴。

世界大师中国行已成为中国高端教育培训业最具专业性及影响力的大师经纪代言人，被誉为“世界大师的幕后推手”。

武向阳
谈判3.0理论体系创始人
世界大师中国行创始人
摩克丁（中国）董事长
中国营销学会常务副秘书长

像营销天才一样实践

《优势策略营销》的作者杰·亚伯拉罕是位具有传奇色彩的商业营销大师，是名副其实的世界大师。作为主办单位，世界大师中国行组委会曾多次参与他在中国举行的演讲及授课。作为组委会的负责人，我数次向他虚心请教关于营销战略的问题，也与他深入探讨了诸如组织系统和达成目标的问题。每一次，他的独特见解和睿智解答都让我受益良多，甚至有醍醐灌顶之感。

杰·亚伯拉罕在书中指出阻碍企业营销创新的两大问题，一个企业家不愿意学习，不明白知识就是财富的道理；二是没有目标，没有战略。换句话说，企业家并没有真正对企业共同愿景的建立和系统思考的完善尽到应尽的责任。这也是造成许多企业经营举步维艰的根本原因。当下企业家需要思维的转变，成为一个终身学习者，才能应对复杂的商业形势。如果企业家没有学习的意愿，必然导致企业愿景不明，目标不清。这样一来营销战略也就无从谈起了。

要想成为一个营销高手，首先要改变思路，要像营销天才一样思考，包括：发现产品的独特卖点、充分挖掘市场潜力、引导现有客户、激活非活跃客户等。亚伯拉罕将营销说成是区别庸人与富翁的唯一界线，这点我深表赞同。然而营销光是转变思路还远远不够。确切地说，营销并不是一种理论，而是一种实践，任何离开实践的营销理论都是空谈，不能给企业及员工带来利益。这也是杰·亚伯拉罕在书中一再强调的。他说，即使他将毕生所学都成书出版，也不怕会丢掉管理咨询行业的饭碗，因为他知道大部分的人即使知道了营销的理论，也没有去实践，或者忽略了实践。如果这样，他就永远都不可能成为一个营销高手。营销高手不是思想家，更不是哲学家，办公室里永远出不了营销高手。他必须走向市场，在市场中磨炼意志，检验结果。

增加客户量、增加成交量、提高交易频率，这是杰·亚伯拉罕战略营销的三部曲。这与彼得·德鲁克的管理思想可谓一脉相承。彼得·德鲁克认为企业存在的目的就是创造顾客，而杰·亚伯拉罕将这一定义延伸至企业营销落地的层面，直截了当地道出了企业营销的真谛。战略营销三部曲给企业营销实践提供了行动指南，更进一步说明了实践对于营销的重要性。

因此，企业家不但要像营销天才一样思考，更要像营销天才一样实践。杰亚伯拉罕是当今时代当之无愧的营销天才。如他所言，他在书中毫无保留地将他的理论和经验写出来，以飨广大读者，书中处处充满智慧的言语和深刻的见解。

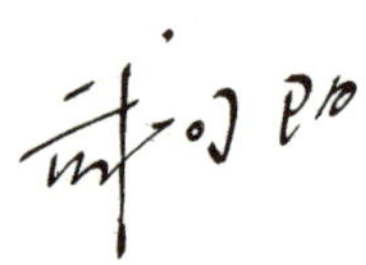

罗杰·道森　克林顿首席谈判顾问　王牌谈判大师

杰·亚伯拉罕是营销咨询业的顶尖大师，他的营销战略和商业决策战略帮助全球众多企业转败为胜，他的实战经验非常丰富。阅读他的作品，定能让你大受启发。

博恩·崔西　美国首屈一指的商业心理大师　畅销书作家

杰·亚伯拉罕是当今美国最厉害的市场营销大师，他的想法价值亿万，可以立刻对你产生帮助。我在经营的各个层面都运用他的法则，取得了令人惊叹的效果。

安东尼·罗宾　世界第一潜能开发大师　畅销书作家

在过去20年中，那些最受人瞩目的商业成功故事，很多是由杰·亚伯拉罕策划创造的。同样的人、同样的公司、同样的业务、同样的成本，唯一不同之处在于，经营者得到了亚伯拉罕的点拨，他的利润就能迅速暴涨10倍以上，这一点不得不让人佩服。我推荐了至少500人去听他的营销课程，这些人都获得了非常巨大的成功。

马克·汉森　超级畅销书《心灵鸡汤》作者之一

在策划写作《心灵鸡汤》时，我曾去找杰·亚伯拉罕指点迷津，他把两招必杀技传授给我，这套书因此大卖特卖，全球畅销 1 亿本以上。

麦克尔·巴斯杰　联邦快递公司创始人

杰·亚伯拉罕教给我们的营销技巧和策略，好学、好用、好赚，三辈子也用不完。我曾经为了得到杰·亚伯拉罕 2 个小时的分享而飞了 1 000 英里。他可以让你改变思维方式，提升个人竞争力，从而赚取金钱、财富、权力和快乐。

杰姆·库克　稀有金属投资有限公司 CEO

杰·亚伯拉罕和我们共事快 10 年了，为我们制订了一些我所见过的最优秀的营销策略。10 年里，我付给他的顾问费用总额超过 200 万美元。但仔细考虑一下的话，这些钱并不算多，因为他帮助我把公司壮大成为美国稀有金属投资公司中的佼佼者，总资产达 20 多亿美元！

肯特·蒂普顿　塔吉特百货公司前 CEO

20 年前，杰·亚伯拉罕给我们出了一个点子，提醒我们好好利用客户名录。起初我很怀疑，但后来，我亲眼看到这个计划在 20 个月内给我们带来了超过 40 万的额外收入。我很喜欢跟亚伯拉罕合作，他的营销技巧确实非常神奇。

《成功》杂志

杰·亚伯拉罕也许是我们采访过的人中策略最多、帮助人数最多并使受助对象赚钱最多的人，他无愧为当今世界上最伟大的营销天才。

陈安之　世界华人第一成功学权威

我用 1 800 美金买了杰·亚伯拉罕的磁带和录像，看了半年之后，我的收入每月高达 500 万新台币，相当于 100 多万人民币，那个时候我才 25 岁。亚伯拉罕不是演说家，他是天才。16 年以来，我感觉自己可能只吸收了他不超过 10%的内容。

赵胜慧　北京章光 101 集团　广州章光有限公司总经理

我觉得杰·亚伯拉罕先生不仅仅是营销大师，更重要的是一个潜能开发大师。他开发并呈现了我们身边很多隐形子资产，教给我们很多行之有效的方法。在上一次的培训中，他的一个营销策略竟然能让我 2 个月节省了 100 万元的广告费，同时让公司业绩增长了 20%。

周　嵘　盛世纵横教育集团董事长

我是中国最早一批去海外参加亚伯拉罕课程的，当时学费非常贵，相当于目前中国大陆一辆中档汽车。我运用他讲授的策略，在中国教育培训界首次推出“学习卡”的模式并获得巨大成功。如今我又在他的合作与策略启发下，在中国展开“整合天下赢”高端课程，并影响数万企业家。

张恭豪　企业营销优化专家　微信盈利风暴创始人

2007 年，我在深圳听了杰·亚伯拉罕的课程，运用了很多他的策略，在生活与工作上有了巨大的突破和提升，真的是终身受益。我在为客户服务的过程中，运用这些策略帮助他们取得 50% ~ 500% 的倍增式业绩增长，简直太不可思议了。亚伯拉罕不愧为世界营销之神。

杰·亚伯拉罕是谁?

杰·亚伯拉罕曾被《财富》杂志评为“全美最伟大的商业决策教练”之一。

据称,他的过人之处在于:他能把运营不善的公司奇迹般地变得盈利。40多年来,他总共替他的客户创下了94亿美元的巨额利润。那么,杰·亚伯拉罕是谁?他的营销方式有何独特之处?他的惊人身价又从何而来?

创造盈利神话的实业家

杰·亚伯拉罕是位于洛杉矶的亚伯拉罕集团(Abraham Group)的创始人和CEO。作为举世公认的拥有活力和先见之明的商业领袖,他知道如何最大化运用组织的力量,同时有效控制和减小风险。他的团队以8人的规模创造了上亿美元的利润,也创造了营销咨询领域的盈利神话。

作为世界上收费最高的营销顾问,亚伯拉罕一天(4~8小时)的顾问收入为5万~10万美元。

能让公司重获新生的商业战略家

杰·亚伯拉罕被公认为绩效提升领域和商业资产增值方面享誉全球的权威人士之一。他善于使运营不善的公司重获新生，并用战略性眼光为其重新定位，使其在市场中脱颖而出。此外，他还善于使企业经营资产最大化。许多世界级的高级培训师和企业咨询顾问都从他这里得到有益的建议。他的企业客户也说，亚伯拉罕教会他们用不同的战略应对各自的行业，并在竞争中取得优势地位。

亚伯拉罕的过人之处在于，他能站在旁观者的角度思考问题，从各个角度深入挖掘商业潜能，这使他能够成功提出具有创造性、前瞻性的策略，用以解决复杂的商业难题，带来高质量的商业运作成果。他帮助客户与战略伙伴建立互惠的关系，并为发展停滞或落后的公司制订战略性经营策略。

策略营销之神

杰·亚伯拉罕曾为世界范围内465个行业的2万多家企业提供过营销咨询服务。他的客户既有知名跨国企业CEO，又有中小企业主；既有畅销书作家，又有自由职业者。

在从事营销咨询工作的40余年中，他创造出独特的营销方式：策略营销。他将企业面临的经营困境分为9种，通过帮助企业经营者找出独特卖点，挖掘隐藏资产、被忽视的机会以及被低估的可能性来提高经营业绩、扩大市场规模，使企业获得更多财富和成功。

他曾为美林证券、微软、IBM、花旗银行、联邦快递AT&T、通用电气、HBO电视网、《纽约时报》、壳牌石油、丰田、美国空军等企业和机构提供咨询服务。他曾创造过15个月把一家公司的营业额从30万美元提升到5亿美元的纪录。美国最具影响力的媒体，如《成功》杂志、《企业家》杂志、《华盛顿邮报》、《芝加哥论坛报》、《纽约时报》、《洛杉矶时报》均以大幅专文介绍杰·亚伯拉罕神奇的营销故事及成功案例。

承诺无效可全额退款的演讲大师

杰·亚伯拉罕是一位优秀的演讲大师，他授课时充满激情、机敏睿智；他的课程内容实用性强。多年以来，他飞遍全球讲授策略营销课程。数十万学员从他的课程中获益，发到他邮箱的感谢和赞扬邮件络绎不绝。

亚伯拉罕的授课方式别具一格：在所有的现场培训项目中，他都提供"比零风险更棒的担保"。在每一次培训班开始前6周，他会预先给学员邮寄一份价值5 000美元的书面及音频材料，鼓励他们在销售业务中使用这些技巧。如果他们没能在这6周内创造显著的利润增长，可以取消预约，并有权保留这些材料的1/3。对于只听了半天培训课程便放弃的学员，亚伯拉罕会视其为没有出席，可以全额退款；在为期3天的培训课程中，如果学员到第2天下午仍然觉得课程的价值不值5 000美元，可以当即离开并且要求全额退款。靠着这种超强的自信和慷慨的担保，杰·亚伯拉罕在全球获得了无数企业家的赞许和崇拜。

我要为你做的事情非常简单：给你提供最可行的策略，让你的经营前景超越你的预期，甚至超越你的想象。我会指导你认识那些隐藏在你身边、但你尚未发现的商业资源，并立即从中获得巨大的收益和前所未有的成功。

“全球策略营销之神”杰・亚伯拉罕

目　录

ABRAHAM 101
Creating Exponential Growth in Your Business...and Exponential Joy in Your Life

第 1 章

无助 CEO

你为生意狂，还是生意为你狂？

比尔的公司销量一直下滑，但是销售人员却找不到原因；他的非活跃客户也越来越多，而他不知道问题出在哪里；他知道竞争对手正在抢夺他的宝贵生意，却毫无应对之策；他的工作时间越来越长，每月收入却越来越少……比尔到底该怎么办？

我们生活在一个信息时代，海量信息触手可及，在网上输入一个关键词，就可以搜索到任何相关信息。但很多企业家被固定商业模式所囿，找不到更好的策略和出路。

周一早晨 7：00。

还有比必须早起更烦心的事情么？

但对于比尔·比特斯来说，这只是开始。每周一早晨 7：00，比尔都要为接下来的一周作准备，看来这又是一个漫长无比、令人厌烦的星期。他煮了壶咖啡，烤了份软饼，坐下来一边吃早餐，一边看晨报。

报纸的头条看起来毫无例外地触目惊心。当地商店一家接一家倒闭，失业率仍在上升。比尔摇摇头，翻至全国版，接着翻到商业版，情况一样不景气。经济还是萎靡不振，收益减少，债务缠身，越来越多的公司宣布破产。

比尔抿了口咖啡，试图打消心头累积数月的焦虑：**我的公司会不会成为下一个？**

任何初识比尔的人，都不会想到他正因此焦头烂额。他开奥迪 A5 上班，住宽大舒适的房子；他的网络公司刚成立时非常小，现在年收入已达 30 万美元，聘请了 3 位全职销售人员兼客服专员、3 位营销专员和 1 位办公室主任。他的妻子南希聪明幽默，正在攻读教育学硕士学位。他们有两个健康的孩子。在外人看来，比尔就是成功的象征。

但内心深处，比尔知道一切都不理想。最近他一直没有合同可签，不断失去订单，还严重失眠。在公司，他的销售人员找出各种理由解释销量下降的原因，他的非活跃客户（Inactive Clients）也越来越多，而他不知道问题出在哪里；他知道竞争对手正在抢夺他的宝贵生意，却毫无应对之策；虽然公司还能勉强盈利，但他的工作时间越来越长，每月收入却越来越少。现在比尔比任何时候都需要一个规划，但他不知道从何处着手。

家里的情况也好不到哪去。南希一边努力完成毕业论文，一边还得照顾孩子，压力非常大。她很不理解为什么比尔不能在家里多花点时间，既然他是老板，为什么每天还要在公司拼命工作 10 ～ 12 个小时？南希还想不明白为什么家里突然没钱重新装修房子，去年春天他们都商议好了的；孩子们则想知道为什么没钱买新吉他、购置溜冰装备和支付声乐课程，甚至每年的阿斯彭滑雪之旅也被无限期推迟了。总之，家里每个人都不太高兴。

比尔穿上外套，拿起车钥匙，突然感到胃里一阵熟悉的痉挛。他成立公司的主要原因是想赚足钱过理想的生活，他的主要目标之一是供养妻子、孩子和自己，他一直为能做到这点而自豪。但是，每周必须工作 50 ～ 60 个小时，完全不在他原来的设想之内。他生意的基石好像已经开始出现裂缝，建于其上的一切也摇摇欲坠。

驾车穿梭于早高峰的车流中，比尔心情沉重。巨大的压力和睡眠不足使他的眼睛又酸又痛。昨晚他和南希又大吵了一架，这在他们的婚姻生活中越来越常见了。回想他们刚谈恋爱时，总是一起散步，共同畅想美好的未来，他的嘴角浮起了一丝微笑。有意思的是，“为钱吵架”可从来都不在他们的计划之中。车快进入公司停车场时，比尔脸上的笑容消失了。他看了看表，7：47 分。从车里出来时，他胃里的痉挛加重了。再过 13 分钟，周一销售例会就开始了。从理论上讲，在这样的场合，比尔应该跟大家分享公司新的销售业绩，探讨如何充分发挥员工的潜力，让整个团队对接下来的一周充满激情和动力。但现实中，比尔只想爬回自己的奥迪车，躲在座位底下。

他拖着步子走在去办公室的路上，思考着等会儿说什么。事实上，公司并没有任何令人激动的新销售案例，每季度的成交量越来越少，到手的生意创下的收益也比前几年少很多。他无法跟员工探讨如何发挥潜力，因为没人贡献新的想法。他自己已经像个泄气的皮球，如何还能给整个团队打气？

电梯门前，比尔勇敢地大步迈进去。也许奇迹会出现，这个周一一切都会不同；也许形势转好，生意又会兴隆起来；也许他还会感受到年轻时的兴奋与激情，看着公司业绩蒸蒸日上。

但当电梯到了第 5 层，他知道奇迹不会那么轻易出现。

7：55 分，比尔大步走进会议室，将销售报告摊在会议桌上，重新整理了一遍，接着又整理了一遍。内心有个声音告诉他，不管他如何整理这些报告，上面的销售业绩都不会顺眼。

第一个到场的是黛比，比尔的办公室主任。她冲他笑了一下，鼓励中带着忧虑。公司所处的困境，黛比比任何人都清楚，因为她在这里已经工作了 3 年。近来客户来电越来越少，大部分都是投诉。她会把这些电话转给比尔，但比尔通常会把它们转到语音信箱，因为他不知道该跟客户说什么。

第二个进来的是山姆和凯蒂，他们是比尔的高级销售人员兼客服专员。他们跟在黛比后面进了办公室，一脸厌烦和不满，看得出他们根本不想来。接下来是托尼，销售团队新成员。最后进来的是营销专员吉尔，她好像从来拿不出任何具体数据，证明自己的营销活动有效。事实上，比尔对于公司最近开展的营销活动并不清楚，也不知道活动到底有没有开展。

“好了，各位，”当所有人都在会议桌前坐下时，比尔说道，“我们现在开会。”

比尔瞥见凯蒂翻了下白眼，他努力假装没看见。

“黛比，你要发言吗？”他问道，把身子转向这位办公室主任。

“我们上周收到很多投诉，”黛比小心翼翼地说，“一些客户好像对我们设计的网站不满意，说某些要求达不到行业标准。”她边说边翻着笔记，“一位名叫‘不高兴’的女士打来 3 次电话，要求跟你谈谈。最后一次打电话过来时，她说她给你发了 3 条不同的语音信息。”黛比抬起头来，“她听起来不太高兴。”

比尔叹了口气。为什么这些客户就不能给他省点心呢？他不知道自己能否承诺提供更好的服务，能否顺利解决这些问题，他甚至都不知道他们到底为什么要投诉。

“我会把这个记下来，”他回答道，内心清楚自己并不打算给“不高兴”回电话。他的语音信箱里全是不满意客户的投诉电话。有时，他听都不听就直接按下“删除”键，因为他不敢听这些投诉的具体内容。

“这周的销售情况预计会怎样？”比尔振作精神，向山姆、凯蒂和托尼问道。

“老样子，还是老样子，”山姆边打哈欠边说，“销售业绩一直下降，我们真的无能为力。”

凯蒂耸了耸肩，补充道：“经济萧条时，大家根本不会把血汗钱花在网络服务上。”好像这个理由解释了一切。

比尔的心里有个小声音在反对这种逻辑，但是他拿什么继续发展业务？可能他们是对的，他接受了凯蒂的解释，转向吉尔。

“营销活动进展如何？”他问道，就像落水的人拼命寻找救命稻草。

吉尔看起来一脸心虚。“我们发了些直邮广告，”她开始陈述，但声音越来越小，“我想没有达到预期效果。转化率离行业平均水平……差得比较远。”她盯着自己的脚小声说。

“我们为此花了多少钱？”比尔问道，努力不让自己的声音听起来太绝望。

“你说过，高投入才有高回报，”吉尔辩解道，“所以我从名录供应商那里买了 1 万名客户的联系方式，加上印刷费用和邮费……”吉尔咬了咬嘴唇，“我们可能花了 2 万美元。”

比尔觉得自己话都说不出来了。

就在这时，比尔口袋里的电话响了。他跟会议室里的员工说了声抱歉，但他们好像毫不在意，因为他们每个人腿上可能都偷偷放着手机。比尔低下头看了一眼。

他妻子给他发了条短信，上面就一句话：“你的会计师打电话过来了，我们需要谈谈。”

“这下完美了，”比尔心里想着，“简直是锦上添花。”

“还有其他事情吗？”比尔看着围坐的员工问道。他突然怀念起以前的时光。就在几年前，他的团队成员每周一早晨都会迫不及待地跑着来开会。他们干劲十足地增加销量，麻利地处理客户来电，利用各种营销手段让公司渡过难关。还是同样的员工，现在却拿着手机坐立不安，不敢看别人的眼睛。

真是天渊之别，比尔痛苦地暗想。

他脸色阴沉地点了点头，宣布会议结束。所有人离开后，他走进自己的办公室，无力地坐在桌前，把头埋在双手里。他的生意出了什么状况？他自己出了什么问题？他如何才能改善这样的局面？

这些问题他都回答不上来。更糟糕的是，他对此毫无头绪。

桌上的钟显示时间是 8：12。运气好的话，他还要在这张桌前坐 10 个小时，前提是运气好的话。

他长长地叹了一口气，心中异常恼怒。

对于比尔来说，这个周一早晨依旧惨淡无光。

为何 95% 的企业家实现不了赢利目标?

上面的故事听起来熟悉吗？可能你有独特的生活和创业经历，但我敢打赌你至少会碰到一种与比尔相似的困境，可能还不止一种。

作为一名策略营销顾问，我跟数千位企业家共事过，发现他们每天在工作中遇到的问题跟比尔的一模一样：

- 找不到企业发展目标。
- 没有切实可行的经营战略。
- 销售业绩一落千丈。
- 市场营销毫无成效。
- 每周工作 60 小时，收获甚微。

以上这些问题，以及其他类似问题，是企业家共同的噩梦。这些问题让他们陷入破产、公司被收购、家庭生活一片混乱的窘境。

我想告诉你一个好消息：你不一定会这样。但是，为了确保不重蹈比尔·比特斯的覆辙，你必须采取一些特别的行动。

首先，思考下面这个问题：你为生意狂，还是生意为你狂？

从本质上说，很多跟我共事的企业家都是给自己打工的老板。他们创建公司的初衷是为了摆脱日常工作的束缚，但当他们成了老板，才发现工作强度更大，创造业绩更难。虽然在创业初期他们会获得一定成功，但缺少可持续发展战略势必会限制其企业的发展，而一旦经营出现问题，他们的创业热情就会随之衰减。跟比尔一样，这些企业家想不通哪里出了问题。

找我咨询时，这些企业家说的第一句话往往是："在这种经济环境下，我真不知道如何站稳脚跟。"他们深信在经济衰退的大背景下，自己和自己的生意都不会有出头之日，煎熬看起来永无休止；他们确信经济会持续下滑，而他们除了跟着一起遭殃之外，别无选择。

我的回答是：他们的想法可能没错，经济确实低迷，情况也不会马上好转，但是，他们的生意却不一定会受到影响。听起来不可思议？其实不然，这就是我想告诉你的"第 101 条逻辑"(Logic 101)。

如果你的生意举步维艰，表面看好像只是受到了宏观经济形势的制约，但我可以肯定地说，根本原因还在于你没有对当前所有的投入进行有效利用，包括时间、资源、资金等。从统计学上说就是，这些投入远远没有得到优化。结果，大多数时候你可能只是在蚀本经营，而非创造收益。

比尔的生意之所以遭遇困境，原因在于他付出了努力，但缺乏跟进。他让企业自生自灭。例如，吉尔毫无计划地开展市场营销活动，却没有仔细分析可能达到的效果，结果就只能眼睁睁地看着活动无利可图，甚至血本无归。比尔的态度不积极，是因为他不知道那次营销活动为什么会失败，以及为什么一开始就注定会失败。

比尔应该做的，是掌控好自己的企业：使经营进入良性轨道，扩大经营优势，以更少的付出获得更大的回报。当然，宏观经济形势可能对他不利，但第101条逻辑告诉我们，如果比尔还像现在这样消极，就算经济形势一片大好，他的公司也分不到一杯羹。相反，如果他能改变和优化公司战略，运筹帷幄，不管经济形势如何，公司业务都将高效运转，并实现高盈利。

你知道吗？95%的企业家都永远实现不了自己的经营目标，原因在于：他们根本没有目标。

很奇怪吧？我们的社会崇尚制订和实现目标，包括新年目标、健身目标、健康饮食目标等，我们甚至鼓励自己的孩子每学期制订学习目标。但是，在制订公司或组织目标这件事上，企业家确实没有担负起应有责任。

在这本书中，我想告诉你如何改变这一局面。制订并实现目标什么时候开始都不算晚，只要找到合适的方法，就能获得最大的成功。

如何才能快速走出困境？

在过去40年里，我曾给2万多位企业家和经理人提供过咨询。通过撰写书籍、开办研讨会、组织项目和录制视频，我帮助几十万甚至几百万家企业实现了收益增长。我的帮助没有停留在理论层面上，许多企业家在几个月内收入翻了好几番。

在工作中，我遇到过形形色色的人。我帮助过林木修剪工，也帮助过保时捷车主；我给社区小作坊的老板指点迷津，也给价值千万的网络公司CEO出谋划策。但是不管我跟谁共事，无论他们销售哪种产品或服务，我发现几乎所有的企业家都会犯同样的错误。一旦你学会避免这些错误，你就能在竞争中获得压倒性的优势，取得梦寐以求的成功。知识就是财富。坦白地说，当今大部分企业家都不具备经营好企业的必备资本，更别提成功地管理企业了。极具讽刺意味的是，我们生活在一个信息时代，海量信息触手可及，在网上输入一个关键词，就可以搜索到任何相关信息。但很多企业家仍然对唾手可及的机会视而不见，跟比尔一样，他们囿于固定的商业模式，找不到更好的策略和出路。

说实话，更好的策略不止一个，而是很多。**我写这本书的主要目的，就是帮助你把握生意上的机会，尽可能创造最大收益，有些机会可能你从来都没想过**。我将：

- 告诉你如何发挥经营优势，创造高业绩。
- 引导你系统地运用被实践证明正确的方法，增加收入，扩大收入种类。
- 将几种新的营销方法和销售体系推荐给你。
- 指引你建立稳定的创收渠道和销售模式，获得更大的成功。

最重要的是，你的竞争对手并不了解这些策略。大多数企业家完全不知道如何操作我将提到的方法，因为没人告诉他们这些因素很重要。更让人觉得悲哀的是，他们不知道自己有多无知。

但你不一定会这样。你读完这本书之后，肯定不会像他们一样。

我所提供的解决方案，已经让众多企业转败为胜。这些方案不仅将彻底革新你的经营方式，还会改变你对生意的看法。你将不再是自己公司或团队的打工者，你将重新掌控自己生活的各个方面，过自己理想的生活。我敢保证你会收入更高、生活幸福、心态平和，一切都会随着企业的壮大而渐入佳境。

我可以毫不犹豫地作出这样的保证，就像我敢告诉我的学员看到成效再付款的理由一样：我自信能为客户和你创造巨大收益。

我了解你在生意中面临的困境，我也清楚如何帮你脱困。我曾为无数的企业家、生意人和自由职业者打破这种僵局，我也将为你打破僵局。

你不一定要成为另一个比尔，每天工作 10 ～ 12 个小时，眼睁睁看着自己的生意分崩离析。选择权在你手里。

如果你愿意踏上不同的征程，请继续阅读。

Making The Money Connection

第2章

吸客法

客户的钱包，你的金矿

用“改变庭院景观，创造奇迹和欢乐的园艺魔法”这个独特卖点代替“提供优质的园艺服务”，就可以让一家园艺公司年收益从50万美元飙升到100万美元？

“XX女士，周五晚上我们将举办一次特别的展览。展品中有几件精美的画作很符合您的品味。”这句不着一丝推销痕迹的话，让老客户备受“宠爱”而欣然购买？

就独特卖点而言，多元化有弊无利。虽然你的生意可能同时在好几个领域获得成功，但你必须具备一项核心优势，让潜在客户在众多选项中毫不犹豫地选中你。

在第1章中，我描绘了一幅相当令人沮丧的画面，但这正是很多企业家所处境况的真实写照。这个世界有很多像比尔·比特斯这样的人，表面风光但内心濒临崩溃。他们经历着来自家庭和工作的双重危机，这不仅使他们的财务状况岌岌可危，还影响他们的生活状态。他们不但可能失去创业所得，还可能失去原有的幸福生活。

但正如我所承诺的，你不一定会这样。看到这里，你的发展轨迹已经不同于比尔，你将沿着一条康庄大道实现销售、收入和幸福指数的巨幅增长。你将直接飞越比尔的世界，永不回头。

比尔故事的反面是什么？另外一种截然不同的景象是怎样的？在那里，钱多得花不完，生活比蜜甜？但更重要的是，你要如何做才能到达这个彼岸？

在这一章，我将教会你如何迅速掌握这本书中的内容。

首先要介绍的，是几种广为流传、经久不衰的策略。它们为我赢得了“当今世界最伟大的营销天才”称号，希望这些策略能激发你继续阅读的兴趣。只要你实践在《优势策略营销》中学到的方法，你赚的钱将多得连做梦都没想过。更重要的是，还会实现所谓的“利滚利”，即积极因素相继出现，形成良性循环。这时，跟竞争对手相比，你的市场占有率更高，而且身经百战而无往不胜。当促进收入快速增长的策略不再停留在纸面上，而是从灵光一现的点子变成口袋里实实在在的钱，利滚利就会出现。点石成金，魔力就是如此之大。

接下来，我将告诉你如何实现生意上的利滚利。我无数次地目睹过同样的策略营销创造销量新高，带来高达几十亿美元的利润。不管你身处何种行业，不管你销售产品还是提供服务，不管宏观经济形势如何，这些策略都能让你稳赚不赔。不过，在充分发挥策略营销的优势之前，你要先发现自身的独特卖点。

USP：用独特卖点吸引潜在客户

环顾市场，你的竞争对手具备哪些典型特征？他们为客户提供的产品或服务是否独一无二、无懈可击、难以抗拒？是否足以让他们脱颖而出？

我对此深表怀疑。当今很多公司并没有做到无懈可击和难以抗拒，就像比尔的网络公司，不具备任何与众不同之处。这对于他们来说是坏消息，于你却是天大的好事。

开拓业务最有力的手段之一，就是将自己与竞争对手区分开来。在特定市场上，你的公司应该具备同行所不具备的特点。不管是提供咨询服务还是销售某一产品，你都必须具备鲜明的特色，让客户一走进你的公司，就感到与众不同之处。

你的产品或服务有何独特和引人注目之处？换句话说，你所在企业的业务与其他公司的业务相比，具备什么优势？

如果你回答不上来，那你就跟大多数企业家一样，没有明确清晰的 USP（Unique Selling Proposition），它的全称是“独特卖点”，指的是与竞争对手相比，你所在企业的独特和优胜之处。它指的可能是可靠的售后服务、迅捷的送货速度，或是全天候的客户服务，甚至还可以是公司所处的便利位置。不管具体内容如何，**作为企业家，你最有价值的资产就是你的独特卖点，它是驱动你获得成功的强大引擎。**

为自己找到一个强大且价值非凡的独特卖点非常重要。多元化是当今文化中的热门话题，我们追求多元化的资产组合、多元化的国内能源供应和多元化经济，在这本书的后半部分，为了使你的收入多元化，我还会倾囊相授增加收入来源和扩大收益之道。但就独特卖点而言，多元化有弊无利。虽然你的生意可能同时在好几个领域获得成功（希望它们的确如此），但你必须具备一项核心优势，让潜在客户在众多选项中毫不犹豫地选中你。

现在就思考一下，你与众多竞争对手的不同之处是什么？你和你的团队具备何种素质，能使其他人望尘莫及？

也许你掌握了某种特殊技能。你是不是一名专门研究抗衰老之道的皮肤专家？精通失业保障政策的律师？抑或有从事精神分析工作资格的临床心理医生？切勿低估任何一种专业技能。如果你的技能有着很大的市场需求，它就很可能变成你生意上的独特卖点，帮助你获得高收益。

也许你会用低价战术突出自己。如果你拥有一家天然气电力公司，你是否能为当地提供最便宜的暖气？如果你是一名零售商，你供应的新款服装能否让商场中的顾客享受到最低折扣？如果你能以最低的成本提供价廉质优的服务，你就拥有了一个必胜的营销组合。

你的独特卖点也可能跟时间相关。如果你是房产中介，客户有房待售时，你是不是唯一承诺能够在一定期限内售出的中介？如果你拥有一家健身中心，方圆50英里范围内，是否只有你的健身中心24小时开放？如果你销售的是电子产品，行业标准的保修期是6个月，你敢不敢宣称自己产品的保修期为2年？

也许你的独特卖点源自产品的高品质。你的产品是否具备同类产品没有的功能？当竞争对手设计的产品都是粉色和白色时，是不是只有你的产品是蓝色和金色？你能否承诺当天发货，否则订单免费？所有这些特点都可能发挥大作用，让你的产品独树一帜。

亮出你的独特卖点

一旦发现了独特卖点，你就应该马上激活它。不要让它停留在构想阶段，而应该将它想象成一种神秘的超能量，这种能量积蓄已久，也许从你创业之初就存在。现在你要释放它，骄傲地将它展现在全世界面前，然后坐等它为你带来几百万美元的收益。

我有一个经营园艺行业的客户，他的生意很成功，因为他想出了如下独特卖点："改变庭院景观，创造奇迹、自然美景和欢乐的园艺魔法。"他将这句话印在名片背面、估价单上和其他所有商业表格上。这个卖点具体、富有美感，令人浮想联翩：这家公司提供的不是一般的园艺服务，而是园艺魔法。他的公司因此日进斗金，年收益从50万美元飙升到100万美元。

亮出你的独特卖点，将它打印在名片上，当做电子邮件的签名，或贴在公车的车身上以及任何你能想到的地方；也可将其作为自己网站的主标题或副标题，至少占据登录页面的显著位置。它出现的频率越高，客户看见它的机会越多，也就越能领会卖点传达的信息。

构思独特卖点时，我强烈建议摒弃“品质”这类含意模糊的词语。这个词已经被用滥了，如今已基本没什么实质含义。“我们提供高品质的干洗服务”或者“品质至上”这类用语过于常见，因此乏味而缺乏说服力。相反，你应该有更具吸引力的说法。比如可以说“洗掉一粒纽扣，赔您一件新衣”或“唯一提供上门服务的修鞋店”。**你的独特卖点应该含义清晰、毋庸置疑、尽量精确，确保客户获得实实在在的价值。**

精彩案例 ABRAHAM

收购旧报纸，只为创造独特卖点？

20 多年前，我开始涉足收藏品行业。我非常喜欢历史文件，包括报纸、书籍和期刊等。我偶然听说美国国会图书馆藏有大量美国内战时期的《纽约时报》，于是立即来了兴趣。当时图书馆正在清理陈列区域的大量杂物，还准备扔掉一些报纸，于是我决定出手了。

国会图书馆同意以象征性的价格把这些报纸卖给我。我又做了些调查工作，找出其他拥有报纸的人，将这一时期的所有报纸都买了下来。为什么？因为我知道一个独特卖点的价值：如果你是特定服务或产品的唯一所有者，你就能垄断市场。如果有人想买 1961 年 2 月 17 日的《纽约时报》，他必须给我打电话，因为现存的每份报纸都在我手上。当然，价格肯定不低。买方会很高兴，他们买到了独一无二的珍藏品；我也很高兴，因为我赚取了 7 位数的利润，还留下几份报纸自己收藏。

你提供的产品或服务越是难以模仿或复制，就越可能获得成功。

市场上没有类似产品或服务时，你就可以自行定价，从而获得高收益。因为“物以稀为贵”，你将变得无懈可击、难以抗拒：竞争对手打败不了你，因为他们没有同样的产品或服务；客户无法抗拒你，因为只此一家别无分店。如果这就是你想要的未来，请接着读下去吧。我们将在后文中更加深入地讨论独特卖点，但现在你已经掌握了一个简单要点：**实现财富指数式增长，最有效的方法之一就是挖掘独特卖点。**

“宠爱”忠实的老客户

你知道拓展业务的最快方式是什么吗？答案可能与你猜想的不同，并非开拓新市场和开发新客户。这些方式当然也可以增加利润，但你最强大的武器其实已经在你手中了。

那就是你的现有客户。

现有客户就像金矿，值得加以深入开发。况且，维系现有客户的成本比开发新客户要低得多。

但很多人忽视了这座金矿的重要性，就像比尔·比特斯跟“不高兴”客户玩的电话捉迷藏游戏一样。他绝非个例，很多企业也会对客户采取忽视态度，结果遭受极大损失。其实，即使他们愿意跟客户打交道，也经常无从下手。他们不但没有架起沟通的桥梁，反而烧毁了原有桥梁，就像眼神不好的淘金者，路过脚下的金矿而浑然不觉。

你不能再犯同样的错误。**你已有的忠实客户是最有价值的商业资产。只要你为他们创造更多购买机会，这笔资产就能马上启用。所以，你一定要珍惜这笔资产。**

增加现有客户的业务量有 3 种简单方法：

- **让最忠实的客户优先享用最优厚的条件**。假设你是一名画商，你可以这样对客户说："菲利普斯女士，周五晚上我们将举办一次特别的展览。展品中有几件精美的画作很符合您的品味，您可能会喜欢。"菲利普斯女士现在会感到很荣幸，因为你赞美了她的品味；而且，她可能会在周五晚上到场参观，因为你特别邀请了她；最重要的是，她很可能会买下一幅精美画作。
- **捆绑式销售**。假设客户从你那里买了一台电脑，你可以把公司物美价廉的打印机、传真机和相关软件介绍给他；如果客户雇你打扫房间，你可以提醒他，自己还提供超低折扣的洗车服务。
- **开展限时优惠或折扣活动时尽早通知现有客户，并给予他们特殊待遇**。假设你是一名 IT 顾问，你可以这样说："辛普森先生，下周三我们将举办一次午餐会，跟几位客户探讨 IT 世界面临的一些新挑战，以及如何应对这些挑战。我想邀请您参加这次午餐会。要知道，我们对与会人员的挑选是非常谨慎的。"

客户越是感觉自己受到特别关注，就越有可能购买产品或服务。他们的每次购买都会给你提供维系关系的机会，为将来的销售搭桥铺路。接下来提到的高效战略，已经使我的几千位客户获益：

首先，通过电话或邮件联系现有客户名单上的前 10 位。在初次联系时，只需表达你的感激之情，并提及过去跟他们合作的愉快经历。语气要真诚而坦率，不要过度粉饰，确保他们了解你的真心谢意即可，也不要直接推销你的产品；

其次，在接下来的一两周内，给同一批客户发短信，邀请他们以优惠的价格购买高品质的产品。

我保证，这条简单的策略能帮你创造非凡的业绩。每个人都喜欢偶尔被宠爱的感觉，客户也不例外。我的一位客户开了家水上摩托艇租赁店，他用自己的方式灵活运用了我们刚才提到的几种策略。他找出很多处于观望状态的客户信息，然后给每位客户写了这样一封信：

尊贵的XX先生/女士：

承蒙关照，我们的合作一直很愉快。近来，鄙店业务大受欢迎，顾客经常排队租赁我们的摩托艇和浮舟。为了表达对您的感激，特为您和家人预留一份装备，以免排队等候之苦。我们保证，您将度过一段愉快的时光。此外，我们还将为您提供9折的特别优惠，以下是我们的装备租赁费用……

结果呢？只过了1个月，他的生意增加了342%！这样的成功经历，你难道不想拥有吗？

激活非活跃客户

除了现有客户之外，重要性排在第二位的商业资产是非活跃客户。**典型的“非活跃客户”是指暂未购买你的产品或服务，但也未明确表示放弃的客户。**也许他们生活中发生了一些意外，比如出差了或是家里出了事；也许他们对某些方面感到不满，对某次发货延误或差强人意的客服感到失望。不管是哪种原因，你都有可能重新赢回他们。

激活这些非活跃客户就像给电池充电，能给你的商业活动增加全新的活力和能量。非活跃客户能让你的企业摆脱平庸，赚取巨额利润。努力赢回这些客户的心肯定不会让你后悔，因为你会发现大多数非活跃客户能够而且即将被你激活。事实上，有些客户可能正等着被你争取回来。

找回这些“迷途羔羊”的责任在你身上。你应该尽快决定，是否给他们打个电话或亲自登门拜访。在与他们沟通时，请坦诚相待：你注意到他们这段时间以来没有购买你的产品或服务，对此你深表关切。要询问他们不再跟你打交道的原因是什么，是因为一段你未加注意的不愉快购买经历，还是销售员一句鲁莽的话？是在约定的到货时间没有收到货品，还是对你出售的某件产品或某项服务不满意？

这种简单却真诚的做法能够立即在你和客户之间建立信任。你不仅证明自己关心他们的幸福，还主动邀请他们提出建设性的意见；你的举动表明你在意他们的想法，对他们的批评不但不排斥，反而发自真心地珍惜。相比之下，比尔·比特斯则躲在书桌后面忙于删除听都没听过的客户留言，导致不满意的客户越来越多。

这种开放式的沟通也给客户提供了卸下负面情绪、消除负面印象的机会。他们不必为指出你生意中的不妥之处而感到不安。如果你发现他们确有不满，这时正是你道歉、承认错误和改正过失的绝佳时机。根据你所在的行业，你可以通过退换货品或重新发货来补偿对方，还可以赠送礼品或以非常优惠的价格提供更多更好的产品和服务。

如果不能与非活跃客户面谈或电话联系，那就给他们发封信件或电子邮件吧。很多企业家在向我咨询后，给他们的客户发出了包含以下信息的电子邮件：“我很关心你，一切都好吗？”在邮件中，他们真诚地表达对客户的关心，并鼓励对方与他们取得联系。在多数情况下，他们能够挽回这些客户的心，从而轻松地给自己的账户增加几千美元的利润。下面这些企业家的做法就值得效仿：

> 一位热水器供应商，提出为一年以上没使用热水器的客户提供免费调试服务。大约 40% 的非活跃客户接受了这项服务，其中的大多数又变成了活跃客户。
>
> 一位律师给他所有的非活跃客户打电话，承诺提供两个半小时的免费法律咨询服务。超过半数的老客户接受了这项服务，其中半数又成为了他的常规客户。
>
> 一位按摩师委托他的助理，给 8 个月以上没有预约服务的病人打电话。他的助理在电话里是这样说的："医生很牵挂您，他让我给您打电话，问一切是否安好。"大约 60% 的病人在两周之内进行了预约。

上述案例分别有 40%、50% 和 60% 的激活率。你的非活跃客户清单上潜藏着同样机会，你难道真的打算放弃吗？

你不会那样做的。根据我的经验，这些回头客会成为你最好的客户，并成为你热心的宣传者。挽回他们绝对会让你稳赚不赔。反之，如果不努力激活这些客户，你的损失将会十分惨重。

现在，就坐看银行账户余额飙升吧

看到了吗？现在所有的积极因素已经齐备，只要你按照我在上文中讲过的方法，积极发现自己的独特卖点，充分挖掘自己独一无二的经营潜力，并善于引导现有客户和激活非活跃客户，你就会惊喜地发现，“魔法”真的出现了。

一旦你开始实施这些策略，你将目睹公司的业绩不断攀登新高，你的成功将变成竞争对手的噩梦；你的销售利润不断翻倍，更有效的营销方式会随之而来，于是广告为你带来更多收益；随着销售人员卖出更多产品，更多利润源源不绝，你将感受到更多的平和、满足和快乐。

看着这个“更多、更多、更多”的利滚利过程，你会问自己为什么以前一直没有这样做。

你生活的世界将与比尔·比特斯完全不同。比尔从来不花时间寻找自己的独特卖点，也不知道从何找起。他就像躲瘟疫一样躲着现有客户，眼睁睁看着非活跃客户越来越多，却不采取任何行动把他们赢回来。比尔的收益一直下跌，随之下跌的还有他的生活水平、银行账户余额和雄心壮志。

采取以上策略后，准备好迎接生活的改变吧。毫无疑问，你收获的财富和事业上的成功将相当可观，但这只是开始。这些方法是我在咨询生涯中积累的核心经验，在本书中，我还将带你见识更多、更丰富的制胜策略：

- 指引你发现生意中潜藏的资产和从前不知道的机会。
- 告诉你如何掌握顾问式销售的核心技巧。
- 教会你如何定价、开价，实现收入最大化。
- 引导你反复查找经营活动中的一切漏洞。
- 教导你如何与客户交流，让潜在客户受到激励并促成销售。
- 我们将看到连环式销售的魔力，以及如何从竞争对手那里赚到钱。

◆ 我们将讨论转让生意的方法，以及如何在当今脆弱的经济环境中合资经营。

◆ 带领你运用书中的技巧给别人提供咨询，获取高额报酬。

准备好重建自己的财产帝国了吗？现在正是时候。

一切都源于几十年前助我赢得第一桶金的方法：营销。只有最好的营销，才能做成最好的生意，这个道理再清楚不过了。

Think Like A Marketing Genius

第3章

策略营销

像营销天才一样思考

广告公司的老板公开分享“制作广告的25个绝招”，没有增加竞争对手反而增加了客户，他是怎么想的？

按摩器材供应商提供机票请潜在客户前往自己的老客户处观摩产品使用效果，就让他的年收入从600万美元激增至6 000万美元，他实现了怎样的思维转换？

策略是一种思维方式，因为它关乎生活体验的各个方面，而不仅仅局限于商业领域。这就意味着，你不能总是从“我能得到什么好处”的角度去考虑问题。

如果你愿意，你可以聘请我上门提供咨询服务，帮你分析产品、讨论客户需求，为你量身订制提高业绩的市场营销策略。为此，你要付给我每小时 5 000 美元的酬劳。你也可以选择自学成才，靠自己的力量把这一切都搞定。

你会选择哪一种呢？是寻求一次性的咨询服务，还是持续开发自身潜力？

事实上，我并不具备神通广大的营销智慧。我不是千里眼，也不会变戏法，任何人都能通过学习掌握我的现有经验。那我到底为什么要告诉你这些？难道说我精神出了问题，想自断生路，放弃独特卖点和谋生之道？要知道，将自己的创造性思维公之于众，相当于突然给自己增加几百几千个竞争对手，他们能以同样的方式做同样的事情，可能还会比我做得更好。我这么做，难道不是故意葬送自己的职业生涯吗？

是的，如果每个人都像我这样做生意，每天都积极运用我的这些策略，那么我可能就会无事可干。但我并不担心，仍然心甘情愿、乐此不疲。原因很简单：即使我为人们提供了成功必需的各种方法，90% 的经营者还是从来不会真正运用它们。

所谓解放思想，指的是在创新精神的指引下开展营销活动，而不仅仅是制订战略。它指的是通过自我激励产生足够的精力和激情，并将理念变成行动。我能把你引向战略性思维、创造性思维之路，但是否能在这条道路上坚持走下去并取得实质性的成果，实现惊人的利润增长，过上你梦寐以求的欢乐富足的生活，都将是你自己的造化。事实证明，大部分经营者做不到这一点。

那其余 10% 的人呢？这些人有足够的行动力，能将我这些宝贵的经验变成白花花的银子。我难道不担心他们知道我的秘密之后撬走我的客户吗？答案是否定的。正如我将在下一章讲到的，客户是最宝贵也是唯一的资源，这个道理对我也同样适用。我做生意不是为了一己之私，而是为了服务客户，因为他们的成功就是我的成功。这里提到的成功，绝不仅仅停留在煽情和温暖人心的层面上，还包括货真价实的利润。

如果你脚踏实地地将这些理念付诸行动，如果你运用我传授的方法取得了难以想象的成功，我确定你就是我想要的团队成员。在今后的职业生涯中，我们一定会找到方法继续合作，我会在后记中告诉你这种合作将如何进行。但是，在我们共同开发合作潜力之前，你必须准备好像我一样思考，像一名营销天才一样思考。

你能带给客户什么好处?

像营销天才一样思考，要求你彻底颠覆固有的思维方式和世界观。你必须勤于训练，抛弃旧有的、过时的、有害无益的拘束感和恐惧感，迎接事业和生活中的所有的可能性，挖掘无尽的潜能。

要想制订卓越策略，你就需要不断地解放思想。在这本书中，我将用各种方式帮助你做到这一点，告诉你如何激发创造潜能。一旦你摆脱固有思维的禁锢，打破畏惧改变的思想牢笼，就会发现自己能够更有效、更明智地思考生活的各个方面，包括如何管理企业、如何开展经营、如何找出更多时间与喜欢的人做喜欢的事。这种思维方式会让人欲罢不能，越是勤加锻炼，你越会发现解放思想是一种自然而然的事，简直不费吹灰之力。

你可以把策略当成一种思维方式，因为它关乎生活体验的各个方面，而不仅局限于商业领域。这就意味着，你不能总是从“我能得到什么好处”的角度去考虑问题。我倡导的这种思维基于最优化理论，即为每位参与者提供最好的资源。当你真正应用卓越策略思维时，你就将理解生活的目标。我指的目标不是“下一个财务年度我要赚到 100 万美元”，而是“我做的事情有什么高尚之处，有什么不平凡之处”。**应用卓越策略，将确保你所做的每件事情都能给你和他人创造同样多的价值，甚至让他人获益更多。**

精彩案例
ABRAHAM

分享行业经验，没有增加竞争对手，反而增加了客户

麦迪逊大街上的一家著名广告公司，就是应用卓越策略的典型例子。几十年前，这家公司的老板大卫·奥格威（David Ogilvy）在主要商业和金融出版物上发布了整版的广告，列举了为提高广告的有效性，企业可以采取的 25 种具体方法。这些方法的操作性很强，简单易行，任何企业都能做到这些事情，并且迅速看到效果。

这则广告意义重大。首先，任何看到广告并富有进取心的幸运企业家，都能通过积极行动取得真实的业绩；其次，这则广告证明奥格威清楚自己在做什么，并且充满激情地将自己的知识运用到客户的生活和工作之中。看到并利用这则广告的人不仅从这些免费的建议中获益，还成群结队地来请求奥格威提供更多建议。他们知道，如果他愿意免费公布25条建议，他手里一定还有很多制作广告的绝招。很快，奥格威拥有了一批稳定、忠实的老客户。

这件事已经过去40多年了，但我还是情不自禁地将其作为典型案例引用。它的模范作用非常明显，但奇怪的是，今天几乎没有人使用这种方法。没有理由不这样做啊！事实上，我曾亲眼目睹它为我的生意带来成果。

当我第一次举办研讨会时，我根据奥格威的原则制作了一些促销资料，列举了一些业务优化建议，并承诺如果参会者喜欢这类理念，我将在研讨会上介绍更多。虽然参加研讨会的人数并没有因此大增，但我却得以与一些客户建立了稳定联系。直至今天，这种方法仍然让我和我的客户受益匪浅。下面的这则案例，是我的一位客户约翰的亲身经历。

精彩案例 ABRAHAM

买机票让潜在客户前往观摩产品使用效果

我曾为一位按摩器材供应商约翰提供咨询。他的企业提供的器材都比较高端：按摩桌、解剖模型、X射线设备等。他注意到，医院或按摩师购买时相当谨慎，因为这些产品价格非常昂贵。所以我建议约翰，不要消极坐等医院和按摩师主动发现现有器材已经过时，到了升级换代的时候了。相反，他应该主动出击，立即让自己的产品变得富有吸引力。

在这个行业里，其他供应商只会说："如果你购买我们的器材，你会赚更多钱。"而约翰则稍微调整了要传达的信息，说："请让我证明给你看，我能提供更好的器材，让你赚更多钱。"他将合作顺利的老客户介绍给潜在客户，这些老客户对新的按摩器材都非常满意。

约翰甚至提出由他支付所有费用，让潜在客户乘飞机前往老客户的工作场所，亲眼见证器材的使用效果。这意味着约翰要时刻准备为医院和按摩师提供支持及全程服务。然而，这样一种思维的转换，让他的年收入从 600 万美元激增至 6 000 万美元。

不要认为让利给客户等于牺牲自己成全别人。要知道，让别人致富，自己也会很快富起来。建立起帮助别人的信心，索取时才会问心无愧。这听起来可能有点做作，但却非常真实。如果你内心充实，你自己能够感觉得到。它会改变你对自我的看法，进而改变你做的任何事情。

当你接触并接受这种新的世界观，你会在任何情况下，甚至别人视为逆境的情况下发现机遇。当你遇到挑战、遭遇工作环境和个人生活的变故时，你至少知道，你将学到某些有价值的东西。

这就是卓越策略最重要的价值：**当你期望从自己做的每件事中获取回报时，你同时还会希望周围所有人都有收获**。你会发现自己对生活充满了无限激情，而激情正是"像营销天才一样思考"的核心部分。

营销天才的激情从哪里来？

激情是一种无形的品质，并非所有人都能拥有。在现实中，激情可以分解成5个非常具体的部分，失去其中任何一部分，都会让你的生活暗淡无光。我们有必要探讨一下激情的5种要素。

◆ **活力（Energy）** 充满活力地迎接每天生活，在一定程度上反映的是你的身体状况。你必须照顾好自己的身体、正常饮食、有规律地作息、通过锻炼保持健康和强壮。当然，这本书不是健身手册，我想告诉你的是，活力在本质上表现了你的心理状况。如果你已经努力保持健康，但仍然每天浑浑噩噩，那是因为负面情绪影响了你的活力。活力源于对自我价值的正确认识，源于对自己和自己的工作给他人带来价值的真心肯定。想要赢得别人的尊重，必须先尊重自己。

◆ **愿景（Vision）** 如果不输入目的地，你的GPS导航系统无法为你指引路线。商业愿景跟GPS工作原理差不多：如果没有对未来的长远展望，短期内你肯定一事无成。但是，愿景不同于蝇头小利，你必须具备对自己和他人未来的清晰认识，才能描绘出一幅实现目标的蓝图。只有当你全身心地相信目标的价值时，你的愿景才有可能实现。另外也要切记：这一切都必须从相信自己的愿景能够帮助他人开始，而不只是关注如何赚钱。

◆ **专注（Focus）** 一旦将目的地输入GPS导航系统，你就会专注于语音提示，按照指引行驶，是不是？愿景的作用也是这样，一旦你拥有一个你真心相信的愿景，你将发现自己不由自主地专注于目标的价值，并从客户的角度定义和推广产品或服务。你将专注于过程中的每一步，确保每个人都像你一样理解它们的价值。

◆ **投入 (Commitment)**　当你拥有清晰的愿景，专注于为他人创造价值，全身心的投入就非常必要了。你肯定不愿听到失败的消息。尝试下面这种做法：在头脑中想象愿景变成现实的美好画面，也想象愿景不能变成现实的后果。在接下来的 1 个月里，每天早晨都要这样想象。你会发现自己的潜意识发挥了作用，你对每天必须要采取的行动有了更清晰的认识。

◆ **行动指南（A Code of Conduct）**　还记得我跟你提过的 GPS 吗？当然，你可以按照它的提示一步步抵达目的地，但不能在途中闯红灯或冲撞行人，是不是？读过童话《龟兔赛跑》的小孩都知道，只有遵守交通规则，才能更快更容易地抵达终点。全身心地投入服务于他人的事业中，意味着你对自己做的任何事情都追求卓越。你的全部目标在于帮助他人生活得更好，但是放弃原则绝对不是实现这一目标的正确方法。所以，请遵守行动指南，并忠于自己的目标，坚定地朝着目标前进。

遵循激情的这 5 个方面：活力、愿景、专注、投入和行为指南，能够帮助你形成卓越思维方式。接下来要做的，就是在实践中应用这些策略。这样你不仅能摆脱原有思维禁锢，还能很快取得成效，成为一位营销天才。

策略营销：渐进式增加潜在客户

我们已经介绍了营销天才的哲学内涵。你现在已经知道，解放思想、实现卓越目标需要什么样的思维方式。现在我们来看看营销天才在日常生活中有何与众不同之处。

首先，营销为什么如此重要？简单地说，营销体现了庸人与富翁之间的差别。营销是把信息传达给客户的最有效方式，而客户是你唯一的盈利资源。

我自认为是一位商务策划师，所以每次听到别人称呼我“营销专家”或“营销天才”时，都会感到一些惊奇。他们之所以对我有这种印象，是因为看到我对营销至为推崇，将它视为中小企业创造非凡业绩的关键因素。你总不会希望你的主治医生的解剖学课程不及格吧？道理是一样的，我并非此领域专家，我看重营销，只是因为它是不容忽视的商业基础。

如果你运用卓越策略开展营销，你将发现关于营销的陈旧、狭隘定义已经过时。遗憾的是，一些人认为营销就是将产品或服务展示给人看，如果人们百无聊赖或者内心脆弱，说不定会购买。但你应该更清楚，如果你致力于提高他人的生活质量，营销就不是愚弄他人，而是引导他人。

在第 2 章里，我们讨论过“独特卖点”。它是一种能让你优于他人的因素，是你的产品或服务解决问题的方式，它能满足一种需要或者创造别人不能创造的机会。你让客户生活得更加轻松，治愈他们的伤痛，即使这种伤痛他们以前从未表达过。这就是你需要找到一种方式清楚明白、令人信服地陈述问题（客户的伤痛）及解决方案（你的产品或服务）的原因，这就是引导客户，这才是营销。

“蟑螂”也能成为营销点?

有一位旅客在坐飞机时,在他的座位下面发现了一只蟑螂。这位满含愤怒的乘客当天就写了一封投诉信,向航空公司提出正式抗议。令他意外的是,就在他结束商务旅行的当天,航空公司的回信已经送到了他的办公室。

这封信是这样写的:“亲爱的乘客,您的来函使我们极为关切,我们以前从未收到过这样的投诉,我们发誓将避免此类事件重演。您也许想知道,为您提供服务的空乘人员已受到严厉批评,整架飞机也已彻底消毒。您所关心之事,我们绝不会忽视。”

航空公司的处理方式给这位旅客留下了深刻印象,他见到了真诚的改正态度,以及直面问题的勇气。从那以后,他每次商务旅行都要乘坐该公司的航班,并将这家航空公司的努力在所有朋友和商业伙伴那里大加宣扬。

我感到十分震惊的是,不管慈善营销(Benevolent Marketing)多么有效,大多数企业家还是做不到这一点。他们生产出高品质的商品,可以为客户带来真正的价值,但他们坐等客户上门。不过,如果客户都不知道这件商品是什么,能解决什么问题,他们怎么可能找上门来?

引导客户应该是一种战略性的活动,根植于深入研究并经得起考验。从本质上说,引导客户也是一种投资,顺利的话,你能得到10% ~ 15% 的稳定回报率。要知道,在宏观经济形势不佳时,投资回报率能达到5% ~ 7% 就不错了。而营销的作用非常强大,如果使用正确，它有可能持续为你创造100%以上的投资回报率，甚至百分之好几百。这才是明智的投资！

这里的营销概念，指的是让潜在客户保持稳定的渐进式增长，而不是把随意的、没有经过检验的信息抛给客户，这些信息既没有分析问题，也没有提出解决方案。我对营销的定义与大多数生意人不一样。它是一种循序渐进的战略，我将它称为“策略营销”。它包括以下3个步骤：

步骤1　发现、联系和吸引尽可能多的优质潜在客户。

步骤2　与潜在客户完成第一次交易，再推进更多产品的销售。继续激励客户多次购买，让他最大程度地享受服务的优惠。

步骤3　与这些回头客建立更亲密的关系。

这一战略的依据在于，**只有3种方式才能促使利润提升：增加客户量、增加交易量、提高交易频率。**

回头看看上述策略营销步骤，每一步都利用了这3种方式来创造收益。同时，每一步的着眼点仍然是“引导”，最重要的事情不是往自己口袋里塞钱，而是为客户解决问题。要做到这一点，首先就要清楚地定义愿景，并形成具体的策略营销计划。

专家矩阵：成为营销专家的9个步骤

我和我的朋友兼合伙人里奇·谢弗（Rich Schefren）发明了一种名叫“专家矩阵”（Maven Matrix）的实践工具，用以帮助客户规划营销战略步骤。在我的另一本书《关键解决方案》（*The Sticking Point*

Solution）中，你将找到更多关于“专家矩阵”的详细内容。下面提到的基本点，如果辅之以激情和营销天才思维，会让你无往不胜。

步骤1 打动潜在客户

目前的市场已经过度饱和，大量正牌商品与冒牌货夹杂其间，潜在客户很难判断哪些企业的产品值得信任，但这种过度饱和对你来说却是前所未有的机会。

你应该站出来向客户表明，你的企业不同于其他99.9%的企业，你们更关注客户本身。与潜在客户培养默契，是建立关系的第一步，这种关系会在日后为双方带来收获。具体方法如下：

首先，点明目标市场客户所面临的最大问题，以及这些问题为其带来的挫折感。

其次，将问题按照时间顺序排列。哪个问题最先出现？哪个问题可能会导致其他问题的产生？哪个问题最大或最难解决？哪个问题处于次要位置？至少准备3种不同的表达方式，以便清晰准确地阐述问题。这是最重要的一步。最好用潜在客户的语气讲述，让人觉得你对他们的困境感同身受。这可能也是第一次，有人将他们的困境诉诸语言。

最后，为每个问题提供解决方案。比如，你可以这样说：“一次运动损伤可能让你当一个季度的替补，甚至是一辈子。它会吞噬你的激情，耽误你的规划，甚至影响你的生计。但是，你完全不必因为一次损伤而断送自己的前程。史蒂文斯矫形术运用行业领先技术，采用经过认证的最新、最有效的治疗方案，帮助运动员回归赛场，重振雄风。5年前无法医治的损伤，今天可能轻而易举得到治愈，尤其是在史蒂文斯医生的专业帮助下。今天就给我们打电话，安排一次免费咨询吧，了解我们能为你做点什么。”

步骤 2　为客户设想他们的未来

关于这一点，我在前文中也曾提到过。请记住：这个愿景不仅服务于你个人或你的企业，也服务于整个市场。你为客户设想过什么样的未来？他们的生活会得到怎样的改善？如果他们都能享受你为他们创造的优越条件、丰厚资源和可靠保护，他们的生活会变成什么样？现在就让他们跟你一起，憧憬这个未来。

步骤 3　向客户讲述“我经历过类似痛苦”的故事

畅销书作者、全球演讲家汤姆·彼得斯说过：“故事最精彩的人最终会胜出。”他说得很对，不是吗？我们都知道比尔·盖茨的故事，知道他如何在大学宿舍里埋头苦干，如何从哈佛退学并成立了微软公司。精彩而生动的故事会让我们理解别人的想法，以及他们为什么要做现在的事情。通过讲述，我们能切身体会他们的奋斗历程，并希望自己跟他们一样成功。我说的“神话”，指的并不是虚假编造的信息，而是从真实故事中提炼出具有普遍意义的、鼓舞人心的内容。一个真实、简单而直接的“我经历过类似痛苦”的故事能够使你立即与潜在客户建立联系，当他们了解你的奋斗历程后，可能会更信任你，更可能促成双方合作。

步骤 4　塑造独一无二、卓尔不群的专家形象

客户需要通过你的故事来了解你，这一点很重要，但他们还必须

判定是否能够信任你，就像你也希望能信任他们一样。所以，塑造独一无二、卓尔不群的专家形象，也应该成为营销计划的一部分。

这里所说的“塑造形象”，并不是虚构出一个形象。获得客户信任的关键不是看起来值得信赖，而是必须做到值得信赖。你的形象应该与你的特点、优势甚至缺点结合起来，与市场的需求结合起来。人们总是被强烈的性格特色吸引，这也是小说、电影和电视节目永远都有市场需求的原因。特定的性格使我们产生共鸣和浓厚兴趣。我们既会被英雄吸引，也会被具有相似缺点的人吸引。通过对客户文件夹进行分析，我总结出了一些具有共同特点的性格类型。你可能会发现某种类型跟你非常相似，这将为你塑造独具特色的专家形象提供参考。

- 自信的商界大亨（唐纳德·特朗普）
- 思路清晰的智囊（亨利·基辛格）
- 技术型人才（苹果公司的斯蒂夫·沃兹尼亚克）
- 耳目众多的情报收集者（节目主持人比尔·奥莱利）
- 白手起家的工作狂（惠普总裁梅格·惠特曼）
- 神童或天才（比尔·盖茨）
- 路人甲（“平民歌星”苏珊大妈）
- 热心支持者（著名影星、慈善家保罗·纽曼）
- 未来主义者（智力储备公司创始人费斯·波普康）
- 极度乐观主义者（著名演说家齐格·金克拉）

小说家伊萨贝尔·阿连德（Isabel Allende）说过，“成为生活的叙述者，你才能创造自己的传奇。”对你来说，成为客户信任的那种人，就是你的形象内涵所在，要朝着这个方向努力。

步骤 5　成为消费者改革运动的倡导者

自我定位的关键之一是划清自我跟非我的界限。至少有一半的营销工作无须你亲自动手，因为竞争对手不像你这样，以服务和解决问题为导向。向你的客户明确指出这一点即可，没必要旁敲侧击。客户有什么理由接受低标准的劣质服务，以及误导性的广告宣传？把自己当做改革者，环顾目标市场，客户缺少什么，需要改进什么？根本不能接受的是什么？你所需要做的只是让市场也意识到你的发现。把自己当成消费者改革运动的倡导者，首先从自己的公司开始。

步骤 6　形成极富个人特色的表达方式

人们信任可预见的事物。如果你的行为或表达方式极为个性化，或有自己的原创经典语句，人们将会识别出这些特点，并且产生心理期待。19 世纪，狄更斯为他笔下的每个人物都创造了独特的说话方式，让读者觉得特别亲切，100 多年后，我们仍然痴迷于这些标准。

跟我合创“专家矩阵”的里奇·谢弗就是这样一个例子。他写了一篇名为《注意力时代理论》（*The Attention Age Doctrine*）的报告，研究注意力如何成为一种稀缺商品。他不是第一个发现这种现象的人，但却是提出“注意力时代”一词的第一人。现在这个词语被到处引用，而他作为其发明者也声名远播。

如果你必须向毫无经验的外行介绍目标市场，你会怎么做？怎样在最短时间内表述清楚？如何引起对方的兴趣？大胆使用比喻、找出最具特色之处或表达得浅显易懂都是不错的方法。如果你是某个特定词语的发明者，并将其反复使用，你的名字就会跟你说过的话联系起来，深深印在客户的脑海中。

步骤 7　选择标志性的沟通方式

在我们生活的时代，你可以通过无数种方式跟客户进行有效沟通。3G 网络、智能手机、上网本、轻薄笔记本电脑、MP3 播放器和 PDA 大行其道，我们几乎要被各种即时、便捷和新潮的沟通方式淹没。事实上，大部分生意人之所以不愿将这些方式全部利用起来，只是因为它们实在太多了！在我看来，最好的做法其实是以少胜多：选择一种标志性的沟通方式，让它在目标市场上发挥最大作用。

当然，你也可以多样化自己的沟通渠道，如创立网站、注册博客和微博等，但一定要选择一种核心沟通方式，让它成为自己的特有标志。其中原理跟第 8 步是一样的：你的客户希望你特点鲜明、保持稳定。不管你跟他们每周互发一次邮件，还是通过博客、每月新闻动态等方式沟通，都应该选择一种他们可以依赖的沟通方式，让它成为你们交流的主要渠道，以免除客户在庞杂的信息流中搜寻之苦。

步骤 8　创建 VIP 社区

我已经反复说明，客户是你最好的资源，而营销就是确保他们与你达成一致的手段。你的大多数竞争对手都采用常规的宣传手段：反复向潜在客户灌输某些信息。他们喋喋不休地自说自话，往往惹人厌烦。为了建立优势地位，你应该采用的营销方式是对话，是与客户的双向沟通。你可以随时调整对策，随时解决问题，而不是毫无针对性地推销产品。

于是，创建 VIP 社区也就适逢其时了。获得欣赏是人类最本质的需要之一，如果你曾去过俱乐部，或开车经过某个重要盛典现场，看到排在门口长长的队伍，你就能够想象作为 VIP 和名人的待遇：踩着红地毯，在众人的艳羡目光之下，由专人引导提前入内。为你的客户创造这种待遇，是巩固你们之间关系、突显你的营销优势的最好方法。

精彩案例 ABRAHAM

Zappos 网站的贴心 VIP 服务为其创造巨大利润

美国鞋类零售网站 Zappos.com（已于 2009 年被亚马逊网站收购）的工作人员比任何人都明白 VIP 社区的重要性。网站 CEO 谢家华因为将公司变成乌托邦式的理想工作场所而知名。因为服务是网站的命脉，Zappos 的“忠于客户团队”成员必须和蔼可亲并富有幽默感，上岗前必须接受数小时的培训。公司鼓励他们在网上跟客户聊天。根据《纽约时报》最近一则针对 Zappos 的调查，曾有一名销售人员与某个客户在网上连续聊天 5 小时 25 分钟 31 秒。

此外，公司鼓励销售人员将来电客户升级为 VIP 客户，不管他们打电话过来的目的是投诉、下订单还是咨询业务。VIP 客户可以马上享受折扣、加急送货和其他优惠服务。Zappos 的很多客户都是回头客，他们喜欢该公司提供的便捷服务和享受特殊待遇的乐趣。对于客户而言，这种 VIP 服务温暖贴心，但对 Zappos 却意味着巨大利润。

步骤 9　多多借鉴他人长处

如前所述，世上本没有营销魔术。商业常识来源于实践和经验，你可以在这本书的指引下锻炼营销能力，着手建立属于自己的优势思维方式。但是，最重要也最简单、最快速、最有效的方式还是找到成功的前辈，寻求他们的指点和帮助。

他山之石，可以攻玉。借助导师的视角，你可以更有效地判断什么能够激励你，什么能够点燃你的激情。每个人的优势都不同，所以不能照搬书中经验，只能从实践中获取，但你没有理由独自面对。鲍勃·迪伦曾接受过伍迪·格思里的指导，本杰明·格雷厄姆也曾为沃伦·巴菲特指点迷津。伟大的人物是站在巨人的肩膀上产生的，利用这一强大的资源取得必需的帮助，将助你更迅速地摆脱平庸，像营销天才一样自如思考。

当你将这些步骤付诸行动，你会发现“像营销天才一样思考”就像给福特野马车换挡一样容易。只需稍微踩下油门，汽车的动力将引导你走完剩下的旅程。营销天才不必为生意卖命，利润自会源源不绝。从现在开始，放下自我挫败感，换上一种愉快、长远、充满希望的思维方式吧，更妙的是，当你像营销天才一样思考，你会觉得工作不再是工作，而是一种游戏。你投入得越多，收获得也越多，不管个人生活还是财务状况都是如此。

Date Your Business, But Love Your Client

第 4 章

关系价值

与生意约会，与客户谈恋爱

当房地产行业一片萧条时，一家房产中介公司却创造了数十亿美元的利润，并实现了快速增长，“生活顾问”比“置业顾问”更有营销力？

一位空调和暖气维修商每年倒贴 10 美元为其客户调试空调或暖气设备，不仅没有亏本反而赢利 250 万，关系的价值比交易的价值大多少？

成功者与失败者的差别，并不在于专业技能、天资禀赋，而在于一些人运用了独具价值的哲学战略，另一些人则从未以战略的角度思考过自己的生活和目标。

在第 2 章，我带你初步领略了现有客户的惊人价值，我提到的策略是大多数企业家尚未挖掘的金矿，但它的价值远不止于此。客户的确是最好的资源，不仅在经济利益方面，在哲学层面亦然。在这一章，我将带你深入转变世界观，真正开发无往不胜的客户服务资源。

有些企业家好像总能轻而易举地获得成功，并且乐在其中；而有些人的经营活动总是无甚起色，不得不每日辛勤奔波。他们的差别在哪里？很多时候，差别不在于专业技能高低、天资禀赋不同、资源丰富与否，而在于一些人运用了独具价值的哲学战略，另一些人则总是忙于追赶别人，没有从具体的、战略的角度真正思考过自己的生活和目标。

在第 3 章中，我介绍了规划策略营销的 9 大步骤，这是你调整工作和个人生活的最强大武器。**策略营销的核心是自觉地将重心从“我”转向“你”**。任何人都可以用它来挖掘自身潜力，不管你是营销人员还是公司老板，这种策略都会让你得到所有人的认可。你不仅会感觉良好，还会取得个人生活和工作的双重成功。

这一点非常重要，我想再强调一次：**策略营销就是将客户需求永远放在自我需求之上**。

也许有些企业家会觉得这听起来不合常理。你为什么要先为别人工作？很多人认为这简直就是走向破产的不归路。但事实上，你会发现这是制胜法宝。大多数企业家将自己的需求放在客户之上，这是他们始终庸庸碌碌、苦苦支撑、亏多盈少、屡战屡败的最大原因。

在这一章，你将学会如何将客户需要置于自我需要之上，在期望收获之前先倾情奉献。我将教你如何与客户产生真正的共鸣，深切理解他们的痛苦和需求，以及全心全意地帮助他们解决问题；我还将指导你如何与客户沟通，确保他们 100% 满意，并且成为你的终生客户。

从“顾客”到“客户”，从“销售”到“服务”

你可能从来没有想过“顾客”和“客户”这两个词之间的差别，你可能还经常替换着使用它们。或者，你习惯于将买东西的人称为“顾客”，而将寻求专业服务的人称为“客户”。所以，我们先来看看这两个词的定义。

> 顾客：购买商品或服务的人
>
> 客户：受他人保护的人

我不是想给你上语文课，也不是说大家以后都不要使用“顾客”这个词语。事实上，如果你以前习惯于使用它，以后也可以接着用！这跟词语的含义没有关系，而跟你的思维方式相关。称呼“顾客”没问题，但你必须开始把他们当做“客户”看待。你必须再转变一下思路，从向顾客销售产品转为服务于客户。那么，客户“受你保护”的真正含义是什么？它意味着你不会在完成一次交易或服务后就消失得无影无踪，毫不关心客户购买后的感受和结果。**当一名客户“受你保护”时，你的责任是彻底了解客户需求，感受他们的痛苦，这样你才能就如何满足他们的需求提出建议。**如果你深切体会到客户的处境，并且能更清楚地阐明这一处境，你就能为他们推荐产品或服务，从而更好地解决问题。

了解问题所在、提供解决之道并引导客户顺利解决问题，这一过程不是销售，而是服务。你与客户之间不仅是生意关系，你也变成了他们值得信赖的生活顾问。这就是他们成为回头客的原因。

卖螺栓比卖电钻更“赚钱”？

有一个男人到五金店去，说要买一把电钻，看起来有点犹豫。五金店老板并未将电钻卖出去了事，而是详细而耐心地询问了他的需求，原来他平时并不会常常用到电钻，只是目前需要钻一个洞。五金店老板因此建议把店里的电钻免费借给他使用。在他看来，他必须负起满足客户的财务、理性、冲动及感觉需求的责任，确定他所买的电钻确实能够解决他的问题，并得到他想要钻的洞。

经过进一步询问，老板又发现，这位客户是想在钻出的小洞中塞进一截楔子，而他知道一个固定用的螺栓其实比钻洞更方便，于是他卖给客户一些螺栓，客户的问题得到了真正解决。后来，这位客户成了这家五金店的常客，在他的朋友需要购买同类产品时，他也会热心地把他们推荐到这家店里来，老板也因此多了不少回头客。

当一位年轻女士来到你的房产中介公司，打算买下人生中第一所房子，她真正看重的是什么？是新兴的繁华社区，还是厨房里时尚的装潢？都不是，她看重的是拥有一个自己的家。从她 5 岁起，她的父亲就一直告诉她自己是如何白手起家的；她的父母一生辛劳，让她接受良好的大学教育，教她承担责任，使她成为有用之才。她想创建一个家，庆祝自己取得独立，为今后的生活打下经济基础。她看重的是开门回家时那份骄傲和充实。

在这种情况下，你会推荐一套达到她心理最高价位的两居室，为自己拿到最高提成吗？还是会推荐几套一居室给她，价钱不太贵，既能满足她想要的风格和适度舒适，又能让她比较有安全感，而且月供较少？你也许可以说服她买下更贵的房子，但是根据她目前的经济状况和信用指数，最好是选择保守一些的投资。这样既满足了她想开始新生活的迫切愿望，也满足了她想要谨慎投资的需要。

于是，你不仅成功售出一套房子，还成为了值得她信任的顾问。你保护了她，她现在成了你的客户。当她打算将一居室换成两居室时，她还会来找你。再想象一下，她某天会不会和新婚的丈夫一起过来，在郊外买下一大块地，打算建一所带花园的别墅？还有，当她和丈夫打算为儿子买一套房子时……你可以想象那个场景。

这个例子不是我随便捏造的。我刚给一家房产中介公司提供过咨询服务，亲眼目睹了他们利用策略营销取得的显著成果。当房地产行业一片萧条时，这家公司仍创造了数十亿美元的利润，并仍实现了快速增长。现在，该公司正在开拓国际业务。他们之所以取得这么惊人的成绩，原因在于公司销售人员不是把自己当成“售卖者”，而是受过专业训练的置业顾问，他们的目标在于改变人们的生活。

客户在走进这家房产中介公司前，往往每月必须支付几百甚至几千房租，仍然两手空空；当他们走出这家公司时，他们知道自己为家人带来了保障。对于这家房产中介来说，销售一套房子不等于“成交一笔生意”，其真正意义在于了解潜在客户的个人困境，并想方设法帮他们摆脱困境。可能潜在客户跟父母住在一起，空间狭小、矛盾不断；可能他们担心目前的社区学校不能为孩子提供良好的教育。这家公司倾听并了解他们的担忧，提出的解决方案不是毫无生命的建筑物，而是找到新家的方式，为的是改善家庭关系、提高生活质量、把握受教育和工作的机会。换言之，他们想确保每位潜在客户都能获得应有的成功和幸福。

如果你的目标是帮助他人实现梦想、满足需要、解决问题，你就不必煞费苦心地去“促成生意”了。事实上，你头脑中那个不停叫嚣着“拿下这个订单”的焦灼声音，将被平静和自信所取代。你不再是个自说自话的蛮横推销者，而是成为对话的一部分；你不必再为完成任务感到焦虑，因为你总是能超额实现目标，销售业绩自会找上门来；你获得的回报不仅是经济上的，还将获得平静的心绪、快乐的生活和为他人服务的满足。

你的忠贞不贰只能献给客户

对企业家来说，最大的失误是爱上不该爱的东西。他们痴迷于自己的理念、创业精神、工作业绩、宏伟目标，甚至他们自己；他们爱上自己销售的产品或服务；他们爱上自己的企业文化或使命宣言。这些东西都值得付出激情。你也应该坚信它们的价值和独特性，但是请记住，你只能跟它们约会，绝不能跟它们谈恋爱。

你的忠贞不贰只能献给你的客户。这并不只是为了鼓励你提供优良的服务、有价值的担保、高效的送货、友善的氛围，这些方面当然都很必要、很关键，但说实话，这些你早已不陌生，与客户谈恋爱的内涵要丰富得多。它指的是你愿意承担保护他们的责任，成为他们值得信赖的生活顾问；它指的是你已准备好把他们的最大利益置于自我利益之上。

精彩案例 ABRAHAM

一单“昂贵”但值得的快递业务

联邦快递的一位调度员有一天接到一个电话，对方自称是一位马上要步入婚姻殿堂的准新娘，她正在等待从别的城市快递来的结婚礼服。

然而，直到婚礼前一天礼服仍然未寄到，她打电话询问才发现，由于地址填写有误，礼服被送到别的城市了。这位准新娘在电话里不住哭泣，完全不知如何是好。

这位调度员该怎么做呢？他马上打了一连串电话，动员全美各地的联邦快递调度员一起来帮忙寻找这件失踪的礼服，终于在一个遥远的城市将它找到了。之后，他又致电公司总部，申请出动专用运输机，终于赶在婚礼开始前将礼服送到新娘手里。

这是一次昂贵的快递行动，但它却成为婚礼上大家谈论的话题。毫无疑问，参加这场婚礼的绝大多数宾客以后都将使用联邦快递的服务。

与客户谈恋爱，与浮夸的营销、华丽的策划、空洞的承诺无关，它指的不是戴上虚假的面具，伪装成客户的好朋友。如果你真心诚意地想为客户寻求最大利益，这些老套、缺乏职业道德的做法你想都不会想。你不能再问“我如何让人们掏钱购买”，而是会开始问：“我可以贡献出什么？我要如何解决他们的问题？”

听起来容易，做起来也不难，你的付出都会得到回报。当你利用资源将客户的生活变得精彩而富足，你将与他们建立终生的关系。他们越是成功，对你的生意贡献越大，你也将随之变得越来越成功。现在开始，把自己当成客户幸福的促进者吧。

“即使你的产品和服务很牛，那又如何？”

一位卓越的企业家，要时刻准备好回答一个重要问题：“那又如何？”你的全部精力应该围绕这个问题展开，你对这个问题的答案应该非常清楚。

你的 4S 店确实拥有这个城市最多的进口豪车，那又如何？

你的技术团队能在 3 小时内为会议室装上音响系统，那又如何？

你的干洗店开业 5 年从未丢过一件衣服，那又如何？

卓越意味着总是从客户角度反思自己的经营活动。没错，你有很好的产品、优质的服务、不错的成交量、健全的售后服务，但那又如何？你的客户能从中得到什么？你能为他做什么？当你想明白这一点，客户就会顺理成章地选择你，而不用你多费口舌。

通常说来，当客户遇到问题时，他们面临 4 种选择：

◆根本无能为力。

◆ 想办法解决问题、满足需要，但跟你的公司或你的竞争对手无关。

◆ 从你的竞争对手那里购买解决方案。

◆ 从你这里购买解决方案。

如果你真心实意地为客户着想，他们的选择不言自明。如果你能比客户更清楚地陈述问题所在，同情客户的处境，并且提供简单易行的解决方案，客户难道还会去别处寻找吗？其他解决方案会让他们花费更多时间、更多精力，可能还要投入更多金钱。

如果你具备别人没有的经营优势，并且总是为客户提供增值服务，他们又怎么可能将信任和忠诚给予别人？让客户选中你的唯一方法，就是准备好回答："那又如何？"他们对你多会赚钱、把竞争对手打得有多惨毫无兴趣，他们想知道的是，你是否理解他们的生活方式，能否从他们的角度看待这笔生意，能否提供他人不愿或不能提供的价值。这是你与竞争对手的最大不同。

你可以通过 3 个步骤轻松回答"那又如何"的问题：

步骤 1　对客户不愿轻易作出选择的顾虑表示理解，并帮助客户打消这些顾虑。比如在前文提过的那个关于首次买房的案例中，你可以先肯定客户也能从其他房产中介公司买到房子，然后解释你所能提供的哪些服务是其他房产中介根本无法匹敌的。

步骤 2　展现出自信，表明你的解决方案能够帮客户解决问题或者满足需要，并列明顺利解决问题的必要步骤。在买房案例中，现在正是时机向客户解释贷款方式的可靠性，以及你将如何保护她的投资。

步骤 3　给客户展示“意外惊喜”，即他们能从这次交易和后续交易中获得哪些增值服务或额外收获，从而与客户建立长期的关系。

关系价值大于交易价值

我明白自己的建议听起来有点冒险，很可能让你在短期内赔钱，或者至少不能从单笔交易中赚很多钱。其实，谈恋爱本身就存在这种风险。

但是，只要你相信自己、相信自己的产品、相信自己的企业不会很快被客户遗忘，你就会愿意承担这种风险。**你要做的不是成交一笔生意，而是打下持续获利的基础，建立终生互惠的关系。**我能证明，这种关系带来的价值比你首次销售承担的风险要大得多。

客户给你带来的终生价值是可量化的。它等于平均每个客户终其一生为你创造的总收益，减去所有的广告、营销、附加产品或服务所需费用。分步骤计算的方法如下：

- 计算平均销售额和单次销售利润。
- 判断一个客户可能再消费几次，计算他能为你带来多少额外利润。
- 用营销预算除以现有客户数量，精确计算出每个客户所需费用。
- 用同样的方法计算潜在客户所需费用。
- 计算一定的潜在客户创造的销售额，即潜在客户转变成客户的比例。

◆ 用一位客户终生为你创造的收益减去转变客户所需费用，计算出客户的终生价值。

如果你仍然半信半疑，我给你举个实例。

精彩案例 ABRAHAM

承担 10 美元风险，创收 250 万

我有一位客户，每年通过修理空调和维护暖气设备创造600 万美元的收益。他每年给现有客户寄两次邮件，给潜在客户发放两次广告，以 19.95 美元的价格为他们调试空调或暖气设备。冬天快要来临时，他提供暖气设备调试；夏季马上到来时，他提供空调设备调试。事实上，这项服务的成本是 30 美元，但他只标价 19.95 美元。

这人是不是疯了？为什么每年春秋之际，他都要赔钱给客户提供服务？他是在检验自己的营销策略，他知道，需要这项服务的客户有半数家里的设备都有些问题，而解决这些问题一般需要再支付至少 125 美元的服务费，他正好能够在调试期间马上解决问题。他还发现，通过这项举措，50% 的非活跃客户转变成了长期客户。他的一半收益，也就是超过 250 万美元的营业额来自新客户，这就是他承担了 10 美元风险的直接结果。

开始从事目前这份工作时，我没有资金，没有客户，也没有受过正规的教育。我拥有的只是多年来为他人打工和创业的经验，以及一种激励他人的天赋。我知道自己能够激励人们采取行动、掌控自己的生活方向，并确信这能帮助我的客户减少阻力、压力和风险，为他们带来不可估量的收益。起初，我将自己的咨询费用设定为每小时 2 000 美元。当时，一般营销顾问收取的服务费用是每小时 100 美元。我之所以为自己定一个如此昂贵的价格，是因为没有一个竞争对手能提供我所要提供的东西：激励。我清楚目标市场上潜在客户面临的问题，企业家们可以理解我传授的理念，但由于缺乏激励，他们可能永远都不会将其付诸实践。我向他们清楚地阐明了这个问题，然后明确地提出我的解决方案：附送额外的激励。我的自信有了回报，我的咨询费用现在已经涨到每小时 5 000 美元，就像我在第 1 章中描述的，我的中小型企业客户和大公司客户遍布全世界，在我的帮助下，他们的公司业绩飞速增长。

我与你分享这个故事不是为了吹嘘，而是想让你知道真诚信念的力量，如果你相信自己能以别人无法做到的方式帮助他人，你就能创造奇迹。我们都有着独特和不可估量的价值，如果我们愿意转变思维方式，不去问“我能得到什么”而是问“我如何利用这点去帮助他人”，我们就将取得前所未有的成功。

Diamonds On The Soles Of Your Shoes: Uncovering The Hidden Assets In Your Business

第5章

鞋底的钻石

零风险的意外收益

学会计算客户的终生价值，就可遥遥领先于竞争对手，因为他们没留心这条重要的线索？

不用拓展新业务，不必另开分公司，只需承担零风险的“坐地生财”之道都有哪些？

假设今年是你公司创建的第 5 年、第 10 年或第 17 年，你知道公司的客户是谁吗？追踪现有客户和潜在客户非常重要，因为现金流就是由客户创造的。

我们都在电影中看过这样的情节：有些人苦苦寻觅人生伴侣而不得，后来突然发现原来最佳伴侣就是最好的朋友，一直默默陪伴在自己身边。这场景跟你的生意有什么共通点？很多公司高管耗费大量的财力和精力，寻找能够壮大企业的新资产，却一直对已有的宝贵资产视而不见。

本章内容旨在使你重视现有商业资产，帮助你发现并发挥这些资产的价值。

我指的“宝石”是哪些呢？它们指的不是你的商业用地、办公大楼和库存货物，而是你的客户、员工、供货商、经销商，以及你用来发展业务的专业技能。这些资产能转变成真实的现金流，其原因和如何去做，你接下来就会知道。

算一算客户的终生价值

这是我在书中反复重申的观点，因为除了利用现有客户之外，你找不到更简单便捷的方法使你的业绩最优化。假设今年是你公司创建以来的第 5 年、第 10 年、第 17 年，你知道公司的客户是谁吗？去年的客户这个月有没有再次购买？你的客户群是不是完全改变了？追踪现有客户和潜在客户非常重要，需要像追踪现金流一样投入精力，因为现金流就是由客户创造的。

一旦清楚客户是谁，通过折扣和奖励来激起他们的兴趣就显得至关重要。只有这样，他们才愿意接收你的邮件，从你那里再次购买，并且把你的产品或服务推荐给他们的朋友。你不应该只是说“谢谢光临，欢迎再来”，而应该说：“谢谢惠顾，我们要如何保持联系？”

步骤 1　追踪客户或客户群

如何追踪客户或客户群？我建议为潜在客户（拜访商店或咨询产品的人）和现有客户（真正购买产品的人）分别创建邮寄目录。让销售代表询问他们的姓名、通信地址、电话和电子邮箱，如果有人不愿透露自己的联系方式，可以将赠送优惠券或邮寄免费杂志作为附加条件。告诉人们，留下他们的联系方式，就能更方便地给他们发送特别折扣信息或减价信息。

创建邮寄目录不仅可以帮助你追踪潜在客户和现有客户，还能帮助你把潜在客户变成现有客户。如果第一次走进你店里的人并没有购买东西，简单地问一下他想要买什么，将他的名字和相关信息记录在潜在客户邮寄清单上。当他想要买的东西到货时，给她打电话或写信。这样，你能成交一笔生意，客户也会因为你记得他的要求而心存感激。

评价一种产品是不是好产品，需求度是非常重要的因素。一些产品能够成功卖出，是因为它们满足了公众的需求。通过保存客户资料，你可以更轻松地理解客户需求，因此应该在资料中详细记录客户购买的东西、他们的特殊要求、反馈信息和购买费用。

促进销售增长的关键在于与现有客户和潜在客户保持联系。如果不利用邮寄目录，保存再多又有何用？定期通过电话或信件联系邮寄目录上的人，宣传你的最新产品，获取他们对上次购买经历的反馈信息，或向客户请教如何提高业务质量。至少每两个月与客户联系一次，如有更多优惠信息，联系可以更频繁。

精彩案例
ABRAHAM

3 个小细节带来 3 000 万的生意

我有一位客户的业务范围是销售窗帘布与百叶窗。每个星期都有好几百人来店洽谈，这时他们就记下对方的联系方式，并在随后寄给洽谈者一本如何进行布艺装饰的小册子。这本小册子回答各种相关问题，并会就如何用百叶窗与装饰布料美化家庭提出建议。

当这些潜在客户收到小册子后，他们就会给对方打电话回答问题并提供建议，就像室内设计师一样。结果，45% 的人都会成为他们的客户。

这位客户每年的销售额为 4 000 万美元。如果他们没有记录上门洽谈者的联系方式，送小册子之后又没有打跟进电话，大概有 3 000 万美元的生意就泡汤了。

步骤 2　着重关照现有客户

邮票数量有限，销售代表数量也有限，这意味着你能联系的潜在客户和现有客户数量也受到限制。那你应该把关注重点放在谁身上，是现有客户还是潜在客户？正如我在前面提到的，与现有客户发展良好的关系更有价值。原因之一你可能已经知道，挖掘新客户比维护老客户要难得多；原因之二，则是现有客户已经表明对你的业务感兴趣，并且跟你做过生意，他们比潜在客户更容易为你的产品买单；最后一条原因是，如果现有客户对你的服务非常满意，他们会把你推荐给朋友，为你增加新的潜在客户。

给予现有客户一些潜在客户不能享有的优惠待遇，这种策略会让现有客户感到自己很特别，让潜在客户心生艳羡，想要和你打交道。例如，你可以让现有客户优先挑选限量款产品、享受特殊折扣、再次购买提供免费送货服务等，也可以记录客户的生日信息，当他们生日来临之际，为他们送上特别折扣或免费礼物。多花这点心思非常值得，你可能正在为长期回报作投资。

写信给客户或者给他们打电话时，应该说点什么呢？首先，要肯定他们是“尊贵的客户”，然后介绍能让他们获益的产品或服务。给他们必须从你这里购买的理由。最后，指导客户如何购买，是通过网店还是实体店。

如果你刚刚通过电话成功地跟拿下了一个订单，先别忙着挂电话，问问客户对这次购买的意见：“我们的产品有什么地方吸引了您？我们应该如何继续改进？您会把我们的产品推荐给朋友吗？”这种策略可以让客户帮你拓展业务。

客户会很乐意提供免费意见，而且对于潜在客户来说，现有客户对于产品或服务的意见比你自己说的任何话都管用。最好的做法是保留所有积极的评价，以备将来营销之用。

当然，在倾听赞美之声时，你也应该坦诚地接受批评意见。如果你只想听好评，客户就会怀疑你的诚信度。而且，你还能从负面评价中获得提高的机会。

关键的一点是，如果你将客户视为企业发展的命脉，对他们的消费行为和积极推荐提供奖励，他们就会更频繁地支持你的生意。

步骤 3　通过分析客户行为发现更多机会

让我再重申一下第 4 章中计算客户终生价值的理念。如果你知道一位客户在一段时间内能够创造多大的消费量，你就会更清楚自己应该重点关注哪类客户，如何对待特定类型的客户，在争取新客户的过程中如何投入。

客户的终生价值等于一位普通客户终生消费这种产品或服务所产生的总收益，减去所有的广告、营销、产品或服务所需费用。

例如，一位客户在首次消费中为你创造了 150 美元的收益，她后来每年消费 3 次，每次消费产生的平均收益为 150 美元。如果她的平均消费时间为两年，那么这位新客户的价值就是 1 050 美元。我用的基本公式如下：

每次消费的平均收益 × 终生消费次数 = 客户终生价值

从理论上说，你可以花 1 050 美元开发这位客户而不亏本！我刚刚提供的这条信息相当宝贵，因为它显示的是为了吸引新客户，你可以承担多大的风险，花多少钱来宣传、支付销售佣金和降低产品价格。你现在非常清楚新客户在短期和长期内的价值，你将遥遥领先于竞争对手，因为他们没有留心到这条重要的线索。

事实上，不管是哪类消费群体，不管他们购买产品还是服务，你都能通过分析他们的消费模式和行为找到更进一步的机会。我指的“更进一步”意思是，以更高的价格提供更专业、更高级的产品或服务，这样你就能很快利用现有客户群创造新的收益来源。

我的一位同事将这一理论付诸实践，通过分析客户行为准确预测收益。他销售一种价格为 2 000 美元的产品，他预估购买这种产品的客户有 25% 还会购买价值 8 000 美元的支持服务。在这些客户中，一部分人为了充分享受原先 2 000 美元产品的实惠，肯定会购买长期的一对一咨询服务，时长为 12 ～ 52 周不等，价格可高达 1.5 万美元；这群人中的大约 5% 会变成长期的私人客户，每个客户将创造 3 万美元收益；最后，这 5% 的客户中有些人还想要更多服务，他们为这位同事创造了好几百万美元的收益。所有这些收益，都源于最初 2 000 美元的常规销售。

步骤 4　勿忘拜访“老朋友”

如果你记录过客户信息，你肯定有一份非活跃客户清单。这些客户有一段时间没从你这里购买东西了，他们也许只是忘了你提供什么产品或服务。不要让他们错过你的产品，给他们写信、打电话或发电子邮件提醒他们。他们可能会回来再次购买，或者说明不再光顾的原因。你可以根据这些反馈信息采取行动，改善产品或服务，吸引他们再次消费。

正如我在第 2 章中强调的，联系老客户应该采取特别的方式。在你的信件中询问他们的近况，可以这样说：“亲爱的陈太太，您好吗？您这段时间没来光顾我们的生意，我们想知道您最近是否一切顺利。此外，我们还想了解您对我们的产品是否满意。”客户会觉得很感动。下一步，你需要肯定他们对你的价值，告诉他们再次购买会有什么优惠，并问他们对于改善产品和服务有什么建议。

利用这些客户追踪技巧，你能让这些非活跃客户的价值翻上数番。

让员工组建外包培训班

如果没有员工，你的公司不可能取得今天的成就。销售经理、生产主管、营销总监和其他员工，是他们让你的生意越做越强。他们还能为你创造更大价值吗？当然可以，下面就是我提供的方法。

举办研讨会或者开展现场培训项目，让公司的明星员工为其他非竞争对手培训。例如，你的一位客服主管能出色解决绝大多数客服问题，为什么不联系业内其他非竞争对手的公司，提议让你的客服主管去他们那儿开展 1 ～ 3 天的客服培训呢？

你可以要价 1 000 ～ 5 000 美元 / 天，费用由对方全包。每月开展两次这样的项目，所得收入与员工平分。设想一下，这样的项目能为公司带来多少额外收入。

如果这些培训项目和研讨会举办得很成功，你的公司甚至可以单独设立一个培训部门，专门为其他公司提供培训。你可以聘请新员工打理这些外部培训项目，让经验丰富的老员工把基本专业知识传授给他们，这样你就多了一个新的培训团队，为公司创造更大的价值。

能够从员工的专业特长中获益的公司会很乐意参与这样的项目。你愿意分享自己的生财之道，他们自然求之不得。

帮别的公司销售非常规产品

另一种利用现有资产的方法，是与其他公司合作经营，互相交换使用对方资产的权利。这种兄弟感情，就是我所说的“合作企业”。这一理念非常实用，我将在第 11 章、第 12 章和第 13 章详细阐述，现在我只作简单介绍。

如果特定客户对于公司某一产品的需求量不大，选择合作经营是个不错的做法。例如，你的公司专门生产高质量的相机或雨衣，特定客户一般不会频繁购买。在这种情况下，你可以与另一家不会成为竞争对手的公司合作，用你的资源销售他们的产品。对你卖出的每件产品，他们会给你一定的分红。

假设你拥有一家钟表公司，你不会总向同样的客户销售手表，因为他们手上戴一只手表就已足够。这时你可以联系附近城市的珠宝公司，提出在你的商店或网店出售他们的手镯和戒指，你可以从售出的每件商品中提取 25% 的佣金。这家珠宝公司会很乐意跟你合作，因为这样一来，他们在本地之外开拓了市场，挖掘了新的客户资源。

在与别的公司合作过程中，一定要亮出自己公司的优势，确保自己获得尽量多的分红。如果你在广告宣传、门店数量、销售人员数量和销售能力方面超过合作公司，你就应该比对方要求更多的利润。我曾指点一位客户如何强调优势，向合作公司争得了 75% 的分红。

要相信自己的实力。如果你心存疑问，“谁会跟我做生意？”最好用更客观的角度来看待这个问题。事实上，如果你的公司在行业中处于中上水平，你就具备合作经营的资本和优势。

不清楚与什么样的企业合作最好？集思广益！根据客户需求搜集意见，根据员工经验征求想法，依托顾问专长寻求指点。向行业内外值得尊敬的人征求意见，请他们将你推荐给有合作可能的公司。对任何提供有价值想法的人，你都给予一定的奖励。尝试各种理念和想法，最后选择行得通的点子。理念本是免费的，只有你真正运用它时，才会产生费用。每个人都能从良好的商业关系中获利。两家公司的客户可以选择更多的服务和产品；在另一家公司的帮助下，你的员工可能销售更多产品，工资得到提高；而你自己显然也能从增长的收益中获利。

“媒体直销”：用广告换开罐器

佛罗里达州有一家小广播电台，由于经营不善，经常发不出薪水。电台的老板想了一个办法：他用广告的形式跟当地一家五金店换取了 1 400 个电动开罐器，通过广播直销把这些开罐器卖了出去，以换取现金发放薪水。

这个点子给电台换来了不少钱，老板尝到了甜头，于是考虑将交换商品与服务作为一项正式业务开展起来，然后在广播中拍卖给听众。60 天内，这家广播电台就转亏为盈。他们又把广播直销的概念在当地的有线电视频道进一步测试，结果也很成功。投资人对这个概念非常支持，并开始利用卫星在全国推广。这家公司的营业额现在每年超过 10 亿美元，他们也开创了“媒体直销”这一新的营销方式。

过去，我曾帮助金融出版商赚取几百万美元，方法很简单，就是把他们介绍给金融服务公司。金融出版商向客户推荐这些公司，这样三方都获利了：出版商、金融服务公司和消费者。出版商从金融服务公司取得广告收入，金融服务公司获得更多的客户，消费者获得金融服务公司提供的服务。

转让或出租你的“专利性理念”

“专利性理念”（Proprietary Concepts）是我发明的一个概念，指的是你或你的员工提出的、帮助企业取得成功的特定理念和方法。例如，你开发了一种新型宣传技巧，利用最新形式的社交网站帮助公司推广产品或服务。这种宣传技巧就可以称为专利性理念，是企业可以利用的一种潜在资产。

如果有人对你开发的这种宣传方式感兴趣，就必须从你那里取得使用这一理念的许可。你可以准确追踪这一理念为该公司创造的收益，并从这些收益中获取一定的提成，惯例是收取总收益的 25% 或者更多。

你可以通过现场演示、电话、广告宣传或销售信件来吸引别人使用这项理念，切记一定要采用具体的业绩来证明它的优点。可以试着这样表述："我的营销策略将使你的客户量在半年内翻一番。"

同样重要的是，你要让潜在客户明白，他们与你签订许可协议无需承担任何风险，只有当他们用你的方法获利后，你才可能从既得利益中分到 25%。如果你不愿采取分红的方式，你也可以在一定时间内将专利性理念出租，收取一定费用。最好不要一次性将专利性理念售出，这样你就失去了取得动态收益的机会。

许可协议应该类似于"知识产权协议"，清楚表明这个专利性理念归你所有。许可协议应包含 4 个方面的内容：

- 说明如何计算受让方的收益。
- 阐明受让方如何支付费用。
- 解释如果受让方无法付款，如何评估损失。
- 声明出让方有审查受让方账目的权利。

你可以为自己的任何专利性理念颁发许可，包括宣传手段、销售技巧、促销方法、特定销售言辞或销售培训手稿等。有了许可协议，你就可以在常规业务之外增加更多收入。

给供应商和经销商介绍生意

很多供应商和经销商长期处于销售一线，积累了丰富而宝贵的行业经验，并与很多公司建立了联系。如果你身处服装行业，为什么不向面料供应商咨询服装厂的信息呢？向服装厂他们的经销商信息，对你也大有裨益。换句话说，要学会利用供应商和经销商来扩大你的交际网络。

你不仅可以从供应商那里获取信息，还可以要求他们帮助你扩大业务。我有些客户，其广告是由供应商赞助的，供应商还帮他们支付展馆费用、销售人员的工资和差旅费。这些供应商千方百计地鼓励我的客户尝试展会营销。这样，他们的收益也会水涨船高。

为了更好地了解供应商，你首先应该与他们交谈，分享你对未来生意的展望，告诉他们你不仅希望他们接受你的订单，还希望他们成为团队的一部分。要提醒他们，如果你的生意做得好，他们也随之受惠，因为他们会因此接到更多订单。他们可能对你的愿景非常感兴趣，并且提出拓展业务的建议。

当然，想让供应商和经销商诚心帮助你，你必须同时愿意帮助他们。你可以不时将经销商的生意推荐给朋友，他们自会感激你的推荐，转而将你的生意推荐给他人。与供货商和经销商互帮互助，你将获得巨大的商业发展机会。存在于你企业之中的这些潜在资产，值得你深入挖掘。我曾经在诸多客户身上见到过成功的例子。

精彩案例
ABRAHAM

分享木材行业宝贵经验，坐享 59.7 万净利润

卡尔普木材公司（H.W.Culp Lumber Company）位于美国

北卡罗莱纳州，成立于20世纪30年代的大萧条时期。最近，为了增加利润，公司开始尝试改革。公司合伙人乔治·卡尔普参加了我为期一周的1.5万美元培训班，并接受我的建议，开办了一个培训班，与其他非竞争对手公司分享自己在木材行业的宝贵经验。他第一次开班就赚取了5万美元的净利润。于是，乔治马上安排了另外6期培训班，将学费从1 350美元/期涨到了2.5万美元/期。他因此共赢得了59.7万美元的净利润。

“这完全是零风险的意外之财，”乔治·卡尔普这样总结道，“我们只是应用了杰·亚伯拉罕开拓业务的几点原则。”这些原则包括：

- **挖掘潜在资产**：“我意识到，我拥有他人愿意花钱购买的知识，这本身就是一个很重要的营销突破点。”乔治这样跟我说。
- **风险逆转**：参加乔治培训班的学员不需要提前支付学费，乔治还允许不满意的学员退学，并全额退还学费。在这种情况下，越来越多的公司开始报名，因为学习卡尔普木材公司的经营经验对他们有利无弊。在第7章中，我会详细讲述风险逆转的内容。
- **反馈**：乔治听从我的建议，在培训结束时向学员征求意见。寄出43封调查邮件后，他得到了142条积极评价。乔治还研究了自己的商业弱点，发现他以前不善于跟客户沟通。“残酷的真相是，我们在定价方面过于刻板。”乔治回忆道。利用反馈信息，乔治采取措施解决了公司的定价问题。

通过实践我的营销理念，乔治在接下来的几年里获得了350万美元的税前总收益。

在给我的一封信里，乔治这样写道："你分析过数千个案例，用轻松易懂的方式解释给我和其他数千人听。如果说，你的策略营销仅仅帮我取得了高收入，有点过于轻描淡写了。事实上，它让我变得更睿智，更愿意为他人服务。"

我希望你也能跟乔治一样成功，我相信任何人只要善于挖掘潜在资产，这种成功将触手可及。

第 6 章

顾问式销售

出售你的同情心

在考虑购买特定产品时，潜在客户更愿意相信老师还是销售人员？销售人员不用卖产品，只需将产品的价值“教”给客户？

出版商将书目寄给潜在客户，并安排销售人员守在电话旁提供咨询，结果销量平平。为什么换成处理订单的客服人员后业绩就增加了 3 倍？

你的目标是成为客户值得信赖的顾问，为他们提供专业建议。客户会认识到，你关心他们的需求和利益，他们相信你可以帮助他们完成采购过程。

我有一辆用了多年的吉姆西房车，现在归我儿子开。我对它有着特殊的感情。它曾经是一辆很棒的车，但现在每月要花 800 美元进行修理和维护。大家都知道，花这么多钱维护一辆旧车，还不如买一辆或租一辆新车划算，干嘛要守着这堆废铁不放呢？

像我这样的车主可能还有很多，这些人热爱一个品牌，不愿铺张浪费，宁愿把钱都花在旧车上，但有时这种坚持的确得不偿失。假设你是一位汽车经销商，看到这么多车主有买车的需求，但苦于缺乏必要的信息而踌躇不前，急需你的引导，你难道不会跃跃欲试吗？开发这些潜在客户的关键，就在于顾问式销售。

让我先为你描述一下顾问式销售的大致概念，然后再详加分析。

以我的吉姆西房车为例，如果每次为我修车的维修部门与销售部门关系不错，遇到每个像我这样把钱浪费在破铜烂铁上的车主，他们难道不会告诉销售部同事么？下次我再过来修车时，可能会碰到一位销售人员，他知道我这辆车多长时间维修一次、需要如何维修，最重要的是，我在维修这辆旧车上会花去多少费用。

销售人员可能会满怀同情地跟我说："亚伯拉罕先生，我是这里的新车销售人员。我跟您一样对这个品牌充满热爱，所以我想您应该知道自己在这辆旧车上总共花了多少钱，以及您只需花多少钱就可以买一辆更漂亮、更安全、更省油的车。我已经预估过您现在这辆车接下来几年的维修费用。请容我解释一下您需要换车的原因，这不仅更省钱，而且更有利于安全。何不去试驾一下这辆新车呢？您可以比较一下它与这辆旧车在性能方面的差别。"

请注意其中立场的差别。**销售人员不是利用自己的逻辑在向我推销，而是利用自己的逻辑同情我的处境。这种同情从引导开始：发现我的真正需求是什么，说明他们的产品如何满足这种需求。**归根结底，引导潜在客户的其他条件，包括逻辑、专业术语等，都是第二位的。在与客户沟通的过程中，每个销售人员首先应该考虑的问题是："我如何才能帮助这个人？"事实上，"顾问式销售"就是同情的近义词。

在吃晚饭时打来电话推销卫星电视套餐的销售人员，你是不是认为他整个晚上都难得成交一桩生意？你的猜想是有道理的。首先，大家都不喜欢在吃饭时被打扰，就算公司免费赠送电话卡，你也不愿一边吃饭一边跟他们打电话；其次，跟很多邻居一样，你已经安装了卫星电视，销售人员毫无目的地打电话，成功率非常低。

这种销售方式在今天的市场上已经行不通，原因在于它没有考虑客户的需求。我的不少朋友接到过这样的电话，他们什么都没买。那家公司根本不愿调查哪些家庭已经安装卫星电视，所以完全不清楚市场需求。再者，既然这家公司的高管们不喜欢在与家人吃饭时被打扰，他们凭什么认为潜在客户能容忍这样的打扰？

如果销售或营销策略失去作用，你应该认识到必须改变策略。不要一味抱怨经济不景气，或者幻想这种策略最终会发挥作用。你必须立即采取行动，在破产之前找到更好的产品销售方法。

我向你推荐的销售方法就是顾问式销售。当你从传统的销售方法（把产品摆在客户面前，希望他们会购买）转向这种创新性的顾问式销售方法，你将见证自己收益的成倍增长。

以客户为中心而非以订单为中心

采用顾问式销售方法时，你必须首先明确客户的需求。这样问自己：“客户的什么需求，是现有市场不能满足的？我的产品将如何满足他们的这种需求？”你需要考虑的是，如何让客户获得这一信息：你的产品能够打败市场上其他产品，真正满足他们的需求。

一旦你明确了客户需求，就应该准备好成为他们的朋友。你的目标是成为客户值得信赖的专业顾问，为他们是否购买某一产品提供专业建议。你肯定不愿成为那种强买强卖的销售人员，让客户唯恐避之而不及。如果你销售布料，让你的销售人员随时准备回答客户的询问，根据客户的需求为他们推荐最合适的布料。随着时间推移，客户会认识到，你关心他们的需求和利益，他们相信你可以帮助他们完成采购过程。当他们需要布料时，会很自然地来寻求你的建议，并且从你那里购买。

精彩案例 ABRAHAM

1 万美元的广告费变成 13 万，客户为何仍如此开心？

皮具商吉姆想在一份全国性杂志上刊登广告。本来他的计划是刊登两个页面的黑白广告，但杂志社的营销人员在与他沟通过后，给出了两个比较好的方案：第一，如果他购买的广告篇幅更大些（24 页），价位可以更优惠；第二，如果他用彩色广告取代黑白广告，不仅效果更好，而且只要增加一点点钱。

经过沟通，吉姆最终掏钱付了 24 页的彩色广告费，要知道他本来只想花 1 万块钱买两页的黑白广告的，现在却花了 13 万！但是，吉姆仍然非常开心。他拿到了很好的价位，广告的效果更好了，而且可以利用这 24 页广告做更有效的宣传。

这就是顾问式销售的精髓。看起来非常简单，现在我们将它分解开来。了解客户需求的真正含义是什么呢？它比传统的“利基营销”（Niche Marketing）内涵要宽广得多。

继续援引前面的布料生意案例：客户可以在任何地方买到布料，为什么一定要光顾你那儿？原因可能是其他店家虽然也卖布料，但他们不提供大宗订单免费送货服务，不开设缝纫班，不为客户的具体缝纫项目免费挑选布料。而你知道客户需要缝纫方面的培训，需要挑选布料的建议，需要大宗订单免费送货来减少他们的费用。客户来到你的店里，是因为你满足他们的需求，而其他店家做不到。如果你不了解客户的需求，你如何打败其他的同行，变成值得客户信赖的布料品牌？

如果你自己创业，你必须比客户更加了解所在行业，利用专业知识为客户提供咨询。如果你身处木材行业，你可以告诉客户哪种木材最合适特定项目，同时也最经济实惠；如果你是一位汽车经销商，你可以告诉客户哪种类型的车最适合他们的生活方式和预算安排。

为客户提供咨询时，没有放之四海而皆准的方法，你不能提供千篇一律的建议。相反，你的建议应该量身定制。假如你是一位管理顾问或者高管教练，要敢于提出尴尬的问题，向客户坦言真相，就算他们不愿接受这样的事实；假如你是一位高管教练，可能要说一些强硬的话。如果客户决策力不强，你就应该直接指出。如果你不这样做，不将客户当成独特的个体，你就不能给他提供帮助，也不能成为他信赖的顾问。

此外，时刻准备承认自己不能满足客户的某个需求，不管是某个订单不能及时到货，还是不能将某件产品卖给某位客户。真诚可能会使你错过一次销售机会，但却赢回一个长期客户。相对而言，客户通常更愿意光顾值得信赖的卖家。永远遵循这条白金准则：想要得到他人善待，必先善待他人。了解并尊重客户的需求，你的生意肯定能取得成功。在开展顾问式销售时，应该记住以下关键点：

- 你是提供产品信息的顾问，而非销售人员。
- 以客户为中心，而非以订单为中心。
- 像医生一样工作，深入诊断症结，果断地提出解决方案。
- 想要得到客户的善待，自己必须善待客户。

将产品的价值“教”给客户

顾问式销售取得成功的主要原因在于重视引导。人们都不喜欢咄咄逼人的销售人员，但却喜欢博闻强记的老师，能为他们答惑解疑。我打赌，你的大部分潜在客户都认为销售人员只为自己着想，目的只是忽悠客户买东西，相较之下，教师之道则是传播信息，为大多数人谋福利。这样一来就很清楚了：在考虑购买特定产品时，潜在客户更愿意相信老师，而非销售人员。**为了实现高盈利，你的销售代表必须**

承担教师的角色，将产品的价值“教”给客户。否则，他们从何知道产品背后的辛勤劳动，又如何分辨你的产品与同行产品的差别？

如果你销售皮具，告诉消费者这些精美的手提包是由意大利名家设计、德国工匠手工制作，因为制作皮革稀有，所以数量非常有限。如果你清楚、诚恳地跟消费者介绍自己的产品，他们将更理解这些手提包的价值：你的手提包之所以价格高昂，是因为材料稀有加上手工费不菲。如果你认为消费者自会明白高价背后的高成本，那很可能只是你的一厢情愿。事实上，他们可能认为你的手提包跟别的奢侈品一样：价格昂贵、成本低廉。

下面这个案例证明了引导在销售中的重要性，这家公司也是我最成功的客户之一。

精彩案例 ABRAHAM

变推销为引导，IRI 公司创下 5 亿销售额

我作为顾问第一次接触稀有投资公司（Investment Rarities, Incorporated，以下简称 IRI）是在 1978 年，当时这家贵金属经纪公司的营销策略主要是寄发邮件，其销售言辞都是以自我为中心的。如果潜在客户没有马上跟他们取得联系，他们就会放弃他。

为了帮助 IRI 增加利润，我将公司的推销式思维转换成顾问式思维。我将营销活动的重点放在引导而非销售上，因为只有引导消费者，才能创造销售业绩。我起草了以引导为重点的新邮件，还向 IRI 的销售人员解释说，如果有人打电话来咨询情况，公司就应该尝试开发这个客户资源。我还帮 IRI 写了一封客户跟进邮件，大致内容是：“了解我们的产品吧！若有其

他疑问，欢迎来电。不管我们的产品是否适合您，我们都将客观地为您提供咨询。”

我想帮助 IRI 树立引导消费者的经纪公司形象，使他们明白，这家公司致力于帮助客户解读市场，将客户利益放在自我利益之上。这个形象与其他经纪公司形象明显不同，因此成了 IRI 的独特卖点。这种新的引导策略本身就是顾问式销售的一部分，它帮助 IRI 赢得了 5 亿美元的销售额，创下了当时行业的最高纪录。

你要如何引导消费者呢？除了在有人打电话或上门咨询产品时担任顾问的角色，你还可以在报纸、杂志和行业周刊上发布新闻，或者在微博、微信上宣传自己的公司和产品。你甚至可以写一本书，推广公司多年的行业经验。没有时间自己写宣传材料的话，可以聘请商业写手代劳。你可以通过举办研讨会来扩大自己产品的知名度。如果你经营一家证券公司，你可以举办关于个人理财或养老金计划的研讨会，邀请知名经济学家、理财师为公众讲解投资股票的回报。

如果你的公司媒体曝光率够高，让很多人读过关于你公司的文章，那么消费者就会将你的公司奉为行业专家。人们会想：“既然关于这种商品有这么多学习材料，生产这种商品的人一定非常专业，也许这就是我要寻找的卖家。”

让销售周期和购买周期保持同步

想成功地进行顾问式销售，必须理解客户的全部购买过程。潜在客户的购买周期分为 4 个步骤：

步骤1 发现自己的购买需求。

步骤2 决定是否采取行动。

步骤3 评估不同购买方案。

步骤4 选定一个经销商。

如果你的销售对象是某个团体，那么这个潜在客户购买周期会有所变化：

步骤1 联系现有的可靠供应商。

步骤2 通过业内关系网寻找最好的供应商。

步骤3 与知名供应商取得联系。

步骤4 通过比较确定中选的供应商。

潜在客户不管是企业还是个人，都会经历一个寻找和评估卖家的购买周期。而寻找购买周期的目的，是发现哪个卖家最能满足他们的需求。**作为卖家，你必须让自己的销售周期与客户的购买周期同步。你不能指望客户肯定会选择你，而是必须成为他们购买周期的一部分，并说明你为什么能够最好地满足他们的需求。**想为客户提供咨询，必须首先明确他们的需求。

我之所以再三重复这点，是因为不掌握这一原则你就会寸步难行。如果你的角色是顾问或者咨询师，当潜在客户挑选卖家时，他们很可能会挑选你，因为你对他们的疑问有求必应。别幻想着仅仅参与客户购买周期的某一部分就会成交一笔生意，你应该参与客户购买周期的全过程。让销售周期跟购买周期同步还有一个好处，下面就是一个典型案例。

精彩案例
ABRAHAM

客户要的是下单，何必提供咨询？

我以前的一位客户迈克在培训行业经营编辑策划业务。这家公司每个月都要寄出几千份书目，有兴趣的潜在客户会给销售人员打电话。这时，销售人员就会为其提供一种名为“交换原则”的顾问式服务。关于这种服务，我将在后面详细讲述。

但是，这些买家其实已经决定购买，根本无需接受咨询，只需要有人回答他们的问题，并且签下订单即可。迈克没有将公司的销售周期跟买家的购买周期很好地同步，当客户打电话来准备下订单时，他们仍然安排销售人员提供咨询，结果浪费了大量人力物力。

听了我的建议后，公司撤走了电话机旁边的销售人员，只是安排客服人员处理订单。通过这一变化，这家公司的业绩因此增加了 3 倍。

交换原则

顾问式销售的基础是交换原则。从字面意思上看，要想进行顾问式销售，你首先必须具备进行交易的筹码。换句话说，第一步是要弄清楚，如果客户购买了你的产品或服务，能解决什么实际问题。客户想通过这次消费达到什么样的目的？在这一阶段，你与客户进行交谈，解释为什么你的产品能满足他们的具体要求。

接下来，你可以判定这笔生意成交，并确信如果发货，客户一定会付款。这样，客户只要发现他需要的产品有货，就会立刻从你的公司预订。最后一步是将产品或服务送到客户手中，并收回货款。

在顾问式销售策略框架下，你可以随意决定送货、交流和成交之间的顺序，但根据我的经验，交换原则是被实践证明最有效的方法：通过交流确定条件具备→预成交→送货并收款。这一模式对你和客户都有益，省去了销售过程中谈判的环节，因为客户已声明肯定会从你这里购买。

哪些人需要顾问式销售培训?

销售人员是企业赢利的第一步，你在这本书中学到的任何销售技巧，都必须通过他们发挥作用。销售人员如果不了解顾问式销售，请不要让他们冒险从事，否则到时可能赔钱的就是你。

顾问式销售培训要求员工不要把重点放在订单上，而是放在客户上。提醒你的销售代表，如果他们很好地回答客户的疑问、分析客户的需求，订单自然会随之而来。

你的销售人员应该知道：想要增加订单，关键是在销售过程中树立解决问题的心态。首先要耐心倾听客户的困难，让客户先讲述他的故事；其次要善于发问，更好地理解客户的处境和他们的观点；最后就要与客户共同解决问题。他们必须向客户证明，你的产品或服务最能满足他们的需求、帮助他们解决问题。如果客户知道你们善于解决问题，他们就更有可能向你购买产品或服务。

成为优秀的销售人员，还意味着能够分辨出客户处于购买周期的哪个阶段。如果客户打电话过来时，听起来已经决定下订单，作为销售人员就不必再详细介绍产品，而是直接帮助客户完成这笔交易。为了发挥电话销售的最大功效，销售人员应该根据特定客户的基本特征和需求提前制订销售计划。这种方式的最大好处在于，当销售人员跟潜在客户通话时，他们能搜集大量的信息，从而分析出目前市场上客户的喜好并反馈给你，你就能利用这些信息为客户制造出更好的产品。想要充分发挥顾问式销售的作用，就不要将培训范围局限于你的销售人员或客服人员，任何与消费者接触的员工都应该接受顾问式销售培训。

第 7 章

最佳价格体系

高价格 + 高价值

同样的金毛犬，A 卖家标价 900 美元，B 卖家标价 1 200 美元，为什么买主最终选择了价格高出 300 美元的 B 卖家？

一家熟食店的产品价格比街尾的竞争对手高出 20% ~ 30%，比隔壁大型超市的价格更是高出一大截，但他的生意却比两个竞争对手更红火，为什么？

成交量其实与价格没多大关系。你应该集中精力为客户提供以下两种基本价值：风险逆转和附件。这听起来似乎无关主旨，却是获得非凡成功的两大要素。

一对年轻夫妇在网上为他们5岁的女儿挑选金毛犬。一番搜索之后，他们锁定一男一女两个本地卖家。男卖家的小狗只卖900美元一只，女卖家的狗却要1 200美元一只。

乍一看，似乎是买男卖家的狗更划算。幸运的是，这对夫妻并没有仓促地作决定。除了价格，他们还作了进一步的了解。

男卖家表现出一种“爱买不买”的态度。如果这家人把买下的狗带回家后才发现不满意，就晚了。卖家在网站上写得很清楚：恕不退款或退货。小狗一旦售出，就完全与他无关了。

女卖家的交易方式完全不同。她告诉顾客，她希望他们购买前先“试养”小狗一个月，再决定是否要买。尽管她胸有成竹地保证自己的狗性情温顺，但她还是希望确保这只狗能与这个家庭相处融洽。她亲自把客户选中的金毛犬送到他们家，提供了足够一个月的狗粮、宠物玩具以及一个定制的狗窝，并鼓励这对夫妻和他们的女儿每天都与小狗玩耍，以培养感情。

30天后，女卖家会再次登门，要么带小狗回家（狗窝免费赠送给这家人），要么收取 1 200 美元。你认为这对夫妻会从谁手里为他们的女儿购买金毛犬呢？

几乎毫无悬念。这对夫妻高兴地接受了第二个卖家的建议。30 天后女卖家再次登门拜访时，夫妻俩毫不犹豫地签了一张 1 200 美元的支票。他们甚至为如此出色的服务支付了小费。

不得不遗憾地说，男卖家的网店用不了一年就会关门倒闭。他的竞争对手能为客户提供好得多的服务，他根本无法赢得过去的市场份额。他最终只能在易趣网上转卖破旧的狗窝和卖不出去的狗项圈。

这对于你和你的事业来说是残酷的一课：**成交与否并不仅仅与价格有关**。一味地采用低价策略不仅无法提高你的销售额，还有可能显著地削减你的利润。事实上，你的价格体系有可能让你赔钱。如果不幸被我说中，那么是时候改革你的定价策略了。

在这一章中，我们将讨论如何综合考虑服务和价格，以使你的收入最大化。信不信由你，成交量其实与价格没多大关系。从现在开始，你应该集中精力为客户提供以下两种基本价值：风险逆转和附件。这听起来似乎无关主旨，却是获得非凡成功的两大要素。

风险逆转：不惜一切代价令客户满意

如今的商界竞争很残酷，你必须倾尽全力才能保持竞争优势。而其中最有效的方式之一，就是让客户“无法拒绝你”。

经济萧条时期，公众的消费行为更加谨慎。一些“专家”会告诉你，现在比以往任何时候都更难让潜在客户双手奉上血汗钱，购买你的产品或服务。

我却认为，没有比现在更好的进入市场、挤掉竞争者的时机了。

你只需将与交易有关的经济、心理、情感等风险因素全部剔除，就能让客户接受你的报价。**风险因素是每次交易的主要障碍。如果你能帮助潜在客户避免风险，你就拥有直接提升销量的强大优势。**

风险逆转一直是我最爱用的技巧，这个方法百试不爽，而且适用于各行各业，已经为我的客户添加了 30 亿美元的收益总额。你也一样可以做到。

风险逆转说复杂也复杂，说简单也简单。强有力的风险逆转应该是价格体系的基本内容，这一点可以从几个方面得以体现。比如说，客户若对你的产品不满意，你愿意退款或者免费重做。大胆地用自己的方式提供风险逆转条款，像上文中的女卖家就提出亲自送狗上门，免费提供一个月的“试养期”，如果客户不满意，不收取任何费用。从根本上讲，就是表明你愿意不惜一切代价令客户满意的决心。

我相信让客户满意是你的目标之一，这会成为你的产品或服务的强大后盾。但是，我估计你并没有积极地在宣传单上列明这句承诺，大多数公司也没有这么做。我建议你把它摆在最显眼的位置。不要轻描淡写地说你愿意承担交易中的一切风险，而是要高喊出来。把它当做你的核心销售信息，这样客户就会毫不犹豫地购买你的产品或服务，而且是立即购买。

这种营销策略听起来勇气可嘉。如果你是业内唯一一家为客户提供风险逆转的公司，我向你保证，会有回报的。分析一下客户购买你的产品或服务是为了满足什么需求，然后竭尽全力满足他们的需求。

比零风险更棒的担保

近年来，“担保”这个词也被人滥用，经常出现在一长串独特卖点和销售信息的末尾。具有讽刺意义的是，使用它的通常都是一些不注重承诺的企业。这也是我建议你用稍微不一样的方式提出保证的原因。当你所处的行业竞争越来越激烈时，有时你不得不提供优于基本风险逆转条件的报价，也就是说，你必须敢于提出“比零风险更棒的担保”。

与基本风险逆转相比，“比零风险更棒的担保”有好几项优势。风险逆转只是转移了风险，而“比零风险更棒的担保”则是在奖励客户，感谢他们花钱购买你的产品或服务，以及对品牌的忠诚度。

你的目标是在客户购买之前，就把“全方位满意”的含义解释清楚。如果你的产品或服务没有达到描述的满意度，你不仅愿意退款，还愿意赔偿他们浪费的时间。这与前面提到的那位女卖家的做法类似，即便客户决定不买狗，她仍愿意把定制的狗窝赠送给客户。这些补偿和奖励会让你的潜在客户很难拒绝你的报价，要知道，他们不仅不会损失什么，反而还可能得到点儿什么！

我所有的现场培训项目都提供“比零风险更棒的担保”。首先，我允许大家先掌握一些我自创的营销方法，为他们提供书面材料和音频材料。我向他们保证材料里提供的方法能让他们净赚更多利润，而且不需要他们报名听课就可以免费获取。

他们报名后，我会在演讲开始前 6 周邮寄一份价值 5 000 美元的材料。我鼓励他们阅读、聆听、观看我寄出的资料，并且在销售业务中使用这些技巧。如果他们没能在这 6 周内创造显著的利润增长，他们可以取消预约，并有权保留这些材料的 1/3。

这些还不够。对于没有听够半场演讲会的听众，我会将视其为没有出席，因此可以全额退款；我的演讲会一般持续 3 天，如果到第 2 天下午的两点他们还是觉得不值 5 000 美元，可以当即离开并且要求全额退款，而且不用觉得为难，也不会遇到刁难。我甚至让他们保留一部分材料，作为他们远道而来的谢礼！

我是从卫星电视服务供应商 Dish 网那里学到“比零风险更棒的担保”这个概念的。这项服务的前 3 个月几乎是免费的，有专业技术人员免费上门安装，并额外奉送前 5 个月或半年的优质服务。我不知道该公司的详细用户数据，但我猜他们一定做过调查（这是一个同样适用于你的企业的重要概念，我将在第 8 章详细介绍），而且知道相当一部分试用客户会成为长期客户。假设享受过免费服务的客户当中，75% 继续购买 Dish 网的服务，其余 25% 的客户也不会损失什么，因为他们已经尝试了“比零风险更好的担保”，而企业则赢得了不少从天而降的长期客户。

不仅如此，他们或许还预测到 75% 的人会持续使用 8 年，其中 50% 的客户会选择基本服务，另外 50% 的客户会继续选择前 3 个月享受过的优质服务。或许还有一定比例的客户希望能按次计费。因此，拥有了“比零风险更棒的担保”这样强大的营销策略后，客户赚到了，你也赚到了。

下面有几个例子，是我的客户提供的“比零风险更棒的担保”：

- 一家杂志社提出，如果读者对他们的刊物不满意，不仅全额退款，还会免费帮读者订阅竞争对手的刊物。
- 一位牙医在首次给患者做检查前，会先花 10 分钟告诉患者，做完检查后他会收到哪些检查报告。如果患者没有收到这些检查报告，他就不会收检查费。每次诊疗结束后，他都会问患者他的表现如何。如果患者表现出些许踌躇，他就不收取当次的诊疗费。多年来他坚持这样做，很多患者都向亲朋好友推荐他，现在他的预约都排满了。

- 一位室内设计师胸有成竹地承诺：无论进行到哪个阶段，如果客户不满意，她都会退还之前收到的款项，并免费把客户不满意的部分改好。因为有了这种保证，她的事业蒸蒸日上。

"比零风险更棒的担保"能让你的生意出现爆炸式增长，增长率可能是50%，也可能是550%，具体数字我无法肯定。

我唯一肯定的一点是，你的销售业绩会出现增长。这一点我绝对敢担保。

附件：全方位满足客户需求

请考虑以下问题：客户在与你交易后，能否获得更多的价值、好处、保护或优势？对于大多数我帮助过的企业家来说，答案是肯定的。如果你也这样认为，那么你就有义务向客户展示，他们将如何从每次的交易中获取更多好处。

我说的"好处"就是附件。一次交易结束之时，就是下一次交易的最佳时机。对客户而言，一揽子交易更划算，因此你就更应该把握机会。如果该附件真的能提供客户需要的价值，采用的营销方式也正确，你的利润就能在现有基础上再提高60%。比起附件的成本来，这实在太划算了。

下面3个简单的技巧曾帮助过成千上万的客户提高他们的收益总额。涉及价格体系时，这些关键技巧会帮你带给客户更多利益，同时让你迅速赚取更多。

- **提供相关产品或服务套餐。**在每一次交易中都为客户提供购买相关产品的机会，套餐中的产品或服务应该具有实际价值，它们必须能更方便有效地提高客户的满意度。
- **增加产品总量，或延长服务时间。**60 天保修期几乎总是比 30 天保修期更有市场。引导客户选择最划算的产品或服务，并尽量使他们了解到延长服务时间的好处。不要把他们的选择限制在较小的数量或较短的时间范围内。
- **增加套餐数量。**为客户提供购买不同产品和服务套餐的机会，以便更好地满足他们的购买需求。你能提供的多样化套餐越是接近客户的购买需求，就越有可能成交。

你可能注意到，我提了好几次“购买需求”。这是一个非常重要的概念，与你持有的观点相反，人们其实并不是在购买产品或服务，而是在满足自己的需求。

事实的确如此。人们掏钱购买产品或服务，是因为他们相信这些产品或服务能帮助他们满足特定需求。或许是轻松感、愉快感、安全感、成就感，或许是自尊心。他们的满意度绝不局限于产品或服务本身，而是复杂深刻得多。

以购买笔记本电脑为例，客户真正想要的并不是笔记本电脑，而是笔记本电脑带来的最终利益：在社交网络上与朋友保持联络，随心所欲地浏览网页信息，或者在空间相册里保存照片，甚至可以是带着新潮的本本走进咖啡厅，享受周围投过来的艳羡目光。

哪怕是买个牙线，也没有看起来那么简单。买牙线的人看重的并不仅仅是牙线的质量。无论这些客户有没有意识到，他们心里期待的其实都是特定的需求：健康的牙齿、美丽的面容和和迷人的微笑。同时，他们还想尽力避免特定的负面结果：蛀牙、根管治疗和看牙医的不愉快经历。

把客户的最终需求牢记于心，你就能适时更新一些产品和服务，更好地满足他们的需求。这也是附件在营销中如此关键的原因。这些附件能够给客户提供更多价值，提升他们的满意度，于是客户会重复购买并向他人推荐。

如果能提供价格上的优惠，附件就能卖得更好。这也是我建议你一开始就把附件纳入价格体系的原因。购买附件的客户，无论是选择套餐、团购还是大批量购买，都能享受更低的价格，而你则获得了更多利润。

假设你的业务范围是掌上电脑和手机。一位女士走进你的店里，对一部 X 牌手机表现出兴趣，你恰好知道几款附件能提高 X 牌手机的性能。这时你会怎么做？

你首先应该集中精力，利用我们在第 6 章讨论过的顾问式销售帮助该客户确定她的需求。一旦她确定要购买，你就可以向她推荐特定的附件，以便提高她的满意度。如果她常年开车在外奔波，她的手机里可能需要安装一个导航软件；她可能还需要一个汽车充电器，这样手机电量才不会在长途旅行中耗尽；或许她需要特定的数据包作为服务套餐的一部分，让她能无限量地发短信，方便与朋友保持联系；又或者，她有兴趣购买你的家庭套餐，这样她就可以免费给家人打电话。

你的工作是设身处地为客户出谋划策，并帮助她认识到这些附件能带来的种种益处。欺骗或夸饰并无必要，附件有真正的价值，因为你的目的是满足她的需求。最后，为她所需要的全部产品报上极具吸引力的价格，让她难以拒绝，因为这种购买方式要比她分别购买这些产品划算很多。

怎样确定最有效的附件?

我们已经见识了附件的魔力，也知道了它能有效提高客户满意度的原因。现在的问题是：怎样确定哪些附件最有效?

现在，请在纸上写出 3 种你最畅销的产品或服务的名称；之后，在第 2 行写下客户购买它们是为了满足何种需求；最后，在第 3 行列出可以添加哪些相关产品或服务，以提高现有产品和服务的价值和效益，使其变成优质套餐。

努力以客户的身份换位思考。客户购买你的产品到底是想要得到什么？购买一整套家庭音像设施的人，可能是想跟家人一起舒舒服服地享受高品质影音。但是，这并不意味着他们也想参加家电设备安装速成班，学习如何安装影音设备。除了把设备卖给他们之外，你的报价单上还可以包含上门安装服务，只要比他们找第三方安装便宜就可以了。

不要让头脑风暴就此止步。如果这一家人必须在工作日外出上班，因而会错过一些他们喜爱的电视节目，也许他们会有兴趣购买数字录像机（TiVo），这样就可以录制因加班或应酬而错过的《实习医生格蕾》或《迷失》了；也许客户想享受更多亲子时光，愿意抓住这个机会买一台任天堂游戏机，作为全家参与互动游戏的娱乐设施。如果你以折扣价提供这些附件，这一家人极有可能欣然接受，并会对你的周到服务心怀感激。

花点时间想出独具价值的附件吧，就从观察客户购买产品或服务时开始。你能否为他们提供个性化服务？列出几种客户可能会感兴趣的附件，然后把你最满意的组合告诉最忠诚的 10 个客户，第二满意的组合告知另外 10 个客户。重复四五次，你就会发现哪些想法可以奏效，哪些没用。我见过一些企业家只花了一两天做试验，不到一周就创造了很高的销售业绩。

此外，让客户自主选择使用量或使用频率的魔力也不可小觑。你能否满足客户的大批量购买需求？如果你告知读者，他们既可以订阅一年期杂志，也可以用较低的价格订阅两年，人们通常会选择后者。很多年前，麦当劳就通过一个简单的问题施展了这一技巧的魔力：“你愿意加两元，把套餐换成大份的吗？”

很多企业家并不清楚，是他们自己限制了客户的购买量。他们总认为自己知道客户想要多少产品或服务，从来没想过问一问客户是否想要更多。你可不要犯同样的错误。如果客户觉得这笔交易划算，他们会提更多要求，来确保得到更高的满意度。你能提供的产品或服务越是接近客户的最终需求，他们就越开心。

物美价更高

即便你以折扣价提供附件，购买额外产品和服务显然也会超出客户原本的预算。于是就引出了这个问题：这不是要把客户吓跑吗？

答案恰恰相反：这只会让客户更愿意从你这里购买产品或服务。

客户都希望商品越便宜越好，这是常识。但是我要告诉你一个秘密：“便宜”并非总有吸引力。近年来的许多研究都已经证明了这一点，人们喜欢物质享受带来的幸福和成就感，在经济困难时期更是如此。特别是在美国，我们为自己舒适的家、漂亮的汽车和亲手创造的惬意生活方式而自豪。曾经有一家百货商店在复活节期间登出广告，说店内出售一款奢华的帽子，标价 1 000 美元。结果，女性客户旋即蜂拥而至，挤得店内简直无立锥之地。

当然，物美价廉的商品依然广受青睐，谁不喜欢划算的交易呢？但我们要的绝不是廉价货。如果这笔交易不仅划算，而且确实是自己真正想要和需要的东西，大多数人都乐意多花些钱。

你可能在想："但我必须有价格优势！"我经常在研讨会上听到这类说法。与会者告诉我："风险逆转和附件很有道理，但是如果价格上没有优势，我们的业绩就会下降。"

毫无疑问，某些企业比同行更具备价格竞争力。但以我的经验，价格竞争力并不像企业家们认为的那么重要。以低价提供产品或服务不仅削减了利润率，还有可能导致你关门大吉。既然如此，为什么还要这么做呢？

精彩案例 ABRAHAM

价格比大型超市高，生意比大型超市红火

我有一位客户道格拉斯，他是一家熟食店的老板。他的产品价格比位于街尾的竞争对手高出 20% ~ 30%，比隔壁大型超市的价格更是高出一大截，但他的生意一直很红火。他是如何做到的？

很简单。他的价格体系并不是以折扣、促销和降价为中心。相反，他专注于为客户提供最大价值。他不厌其烦地向客户展示自己产品的上乘质量，并且说明高品质食材对客户的意义。除此之外，他还特别印制了一本名为"发现庄园奶酪"的小册子，不仅内容有趣，而且在客户中建立起"奶酪专家"的形象。他所传达的信息是："我们了解自己的产品，现在你也有机会来了解一下。"

道格拉斯真的很擅长与客户打交道。他的服务态度很友好，

并且能记住熟客的名字。最重要的是，他是一个非常注重产品质量的人。通过上述这些做法，他把他的熟食店塑造成了出售最佳熟食的地方。

你难道不希望别人想要购买某一类产品或服务时，首先想到的人就是你吗？

如果现有价格体系让你的产品销量平平，是时候采取行动了。风险逆转、比零风险更棒的担保和附件等技巧，将彻底改变你对价格的态度，把你的注意力引导到真正重要的问题上。想要打败竞争对手，降价并非唯一法宝。事实上，有时候降价只会降低你的利润。把注意力集中在如何以更少的风险提高客户满意度上，你将成为业内翘楚，并赚取更多额外利润。

Test Everything, From Headlines To Deadlines

第8章

市场调研

客户的信用卡“投票”给了什么产品？

想知道你的潜在客户会用信用卡“投票”给什么样的产品吗？那就先作调研吧。

稳定的营销体系能一步一步地引导潜在客户依照这个顺序转变：潜在客户变成初次买家，初次买家变成老客户，老客户变成VIP客户。

你永远无法预知市场需要什么，也无法单方面确定最合适的定价、广告或包装策略，你必须询问现有客户和潜在客户的意见，才能找到这些问题的答案。

很多营销天才都在各自行业内表现出前瞻性和独创性。不过，即使没有读懂这类天才的内心世界，你也能获得同样的营销效果。你需要做的，只是调研而已。

对营销策略进行调研，并将其与竞争对手的策略进行比较，这样的企业数目之少，简直让人震惊。相反，多数企业倾向于使用不甚可靠的主观判断和猜测，作为把握未来的工具。

我发现，抗拒调研的企业家通常分为两种类型。

第一类人因为经济萧条而变得短视，他们惧怕走出自己能掌控的领域，只愿意停留在已知正确或已经得到认可的领域内。但实际上，调研并不一定意味着新领域、新技巧。某些技巧即使已经沿用多年，也有调研的必要。正如我在书中强调过的那样，多数企业家的经营潜力都没能完全发挥出来，而调研是找到最佳经营方式、发挥最大经营潜力的唯一方法。

第二类人对调研持放任的态度，恰好与第一类人完全相反。他们是冒险家，对于调研的态度几近“不管不顾”，倾向于为某个新理念兴奋不已，完全不在乎它能否转化为业绩。我是进取精神的忠实拥趸，但野心和驱动力无法取代认真分析。即便你的智商接近200，也无法预测未来。模仿天才最为稳妥的方法，就是扎扎实实地调研，因为市场会向你展示最优路径。经商40年来，我仍然需要经常作市场调研，因为同样的策略在不同的行业和环境下需要不同的操作方法。我不敢保证我的假设正确，那么唯一的确认方法就是调研。

你永远无法预知市场需要什么，也无法单方面确定最合适的定价、广告或包装策略，你必须询问现有客户和潜在客户的意见，才能找到这些问题的答案。更准确地说，你需要知道他们会用信用卡“投票”给什么样的产品。

如果你不知道如何最优化你的时间、投资、劳动力和机会，你就无法最大限度地提高业绩。客户对于你的产品、价格、市场定位有特定的心理预期，这也是市场对某种产品接受度更高的原因之一。你可能会认为，价格最便宜的产品销量一定最好，但我希望上一章的内容已经让你认识到，事实并非如此。

通过对不同策略进行调研，你会发现其中一种优势突出，应该尽快付诸行动。此外，可供调研的选项不计其数，到底哪个版本的杂志更受欢迎？哪种邮寄目录更吸引眼球？电台的哪个播放时段收听人数最多？哪种担保方式、哪种销售演示方式、哪种直邮包装方式更容易带来销量？……在不增加支出的前提下，要采用尽可能多的方式进行调研，不久你就会发现，询价人数、新客户数和业务量都出现显著增长。

如果没有作调研，你现在用的方法就很可能是错的，这将导致你的经营业绩表现不佳，并妨碍你发挥出全部潜能。开始调研后，你就再也不必担心会犯上述错误了。接下来，我将详述从市场营销到销售领域的各种调研方式，教会你如何利用价格低廉的小规模调研获得不可或缺的信息，这些信息能让你的业务呈指数增长。

通过调研优化营销组合

就一般行业而言，销售和产生收益的全过程中有 10 ~ 25 个节点，它们是影响销售结果的变量，每个节点都有不同的加权值。例如，广告的标题就是一个节点，它可能比另一个节点，如广告的篇幅带来的效果更显著。假如你通过调研，分析出一项业务中的节点共有 10 个，然后将每个节点的业绩提升 15% ~ 30%，这种优化后的组合营销策略会使你的销售业绩从线性增长变为指数增长，增量既可能是几倍，也可能是数十倍。

对于中小型企业而言，这种增量是惊人的。毫不夸张地说，调研能改变企业的盈利能力。这种改变虽然无法立刻实现，但少则几天、多则几月，你一定能看到效果。

以广告为例，广告本身并不创造销售业绩，这些业绩其实是用等量的生产成本和生产时间换来的，所以在报纸和杂志上做广告时，需要对不同的标题、关键词、版式和激励措施作调研，以使广告投资得到最佳回报。比如，采用什么样的煽动式语句、提出什么条件，以及广告应该登在页面的什么位置，这些都需要调研。利用电视或广播做广告时，要调查在哪个台播放、哪个时段播放最能让你受益。任何数据都能显著提高销售工作的有效性。例如，数据可以让你底气十足地说出这样的话：“如果潜在客户看了《纽约时报》上的广告后购买了一套 60 美元的设备，从概率上讲，明年他会再买 3 套 100 美元的设备，后年他会买 5 套。”

在销售演示之前，你一样需要通过调研确认什么样的标题或开场白的效果最好，之后还有若干事项等待你一一确认。你要分析特定的报价和广告会带来多大的反馈数、交易量、潜在客户数量以及销售量，然后计算花在每个潜在客户和每笔销售上的成本，以及每个潜在客户的平均消费额，以及减去营销控制成本之后每笔交易的平均利润。通过调研，你能获知哪种策略、报价方式或销售演示方式能带来最佳回报。调研能让你找到最好的营销组合，在发现更优的营销控制方式之前，请一直使用调研得来的最佳营销组合。

另外请切记：在对相关节点进行调研时，请列明分析结果并制成图表，找出最佳选项。这样做带来的销售量和订单数会大得超乎你想象。确定包含价格和折扣的最佳组合后，你的工作仍未完成。是时候寻找“优中之优”的营销控制策略了，它比你刚刚确定的最佳营销控制策略更好，只是尚待发现。寻找更优营销控制策略是一个长期的过程，在建立起一整套营销控制理念、营销技巧和营销方法之前，很难有效地提高销售业绩和盈利能力，在建立这一系统后仍需不断调研，尽力提高营销业绩并挖掘更好的营销控制策略。细微的调整能使销售结果有非常大的变化，在此过程中唯有调研、调研、再调研，才能保证销售业绩的增长。

精彩案例 ABRAHAM

换一个标题，交易量翻两番

我有一位客户是贵重金属经销商，他打算在《华尔街日报》上刊登广告，标题是：“用 2/3 的银行融资买卖金银是更好的投资选择”。广告的效果不错，但我认为还可以更好。于是我问他：“你调研过其他广告没有？”

> 客户很迷惑地说没有，这是他唯一的广告。于是我给他提供了三个不同的广告标题，让他一一测试。结果证明，其中一个广告标题的效果比其他两个要好，比他的原标题更是好得多，他的贵重金属交易量几乎翻了两番。这个标题是：“按黄金市场价的 1/3，你爱买多少买多少！”

调研的关键是一丝不苟地记录反馈结果，以及所有必要的营销信息。你必须分清每种反馈由何而起，要做到这一点，我可以教给你很多方法。例如，在不同版本的广告上附赠不同编码的优惠券；在受访者联系你时，要求他们报一个特定部门的编号（也可以是并不存在的部门）；询问受访者在哪个电台获知企业信息；在订单的邮寄标签上印上代表不同广告版本的代码；调研各种不同广告版本，留意潜在客户对哪一种奖励方式或折扣感兴趣；要求来电者找某个特定的人（也可以是并不存在的人）等。把所有结果制成表格，评估各种策略，选用最有效的策略。在做记录时，务必区分单纯的反馈、在促销活动刺激下的销售和常规销售之间的区别。

节约成本的小规模调研

为了控制成本，应尽可能控制调研规模，比如在同一份报纸上使用篇幅相同的 A、B 两种版本广告进行小规模调研。广告可以在具有可比性的受众中传播。由于刊登在同一份报纸的相同位置，受众又具有可比性，你就可以较公正地比较不同广告的效果。这种方法不仅节省广告费，还可以小规模地在本地报纸上作调研，以控制成本。

另一种小规模调研的方法是购买目标刊物的订阅用户名单。找

5 000 ~ 2.5 万个符合目标受众特点的订阅用户，选取其中一部分人进行调研。让列表管理器把名单一分为二，给其中一半用户寄 A 版本的广告，给另外一半寄 B 版本的广告，记录结果并进行比较。假设在报上刊登整版广告的费用是 1.8 万美元，现在你只需 2 000 美元就可以对 5 000 名用户进行调研，相当于可以用较低成本调研多个不同的版本、标题和附加变量（折扣和奖励信息、煽动性词语等）在目标受众中的反映，而不是贸然花 3.6 万美元登两篇全版广告。

另外一种更快、更便宜、能获得更大信息量的预调研方法是电话调研。从名录供应商那里购买用户电话号码列表，把名单一分为二，以销售演示的形式向其推荐两种不同版本的广告，并分析结果。电话预调研能帮你获得宝贵的第一手反馈信息，直接与客户交流有助于及时识别并纠正错误，重新分析和审视销售演示中存在的问题。

如果你偏爱用电子邮件或直邮广告的方式投放广告，我推荐你使用前面提到的“A、B”调研法，或称“第 X 命名”（Nth Name）调研法，这在调研陈列式广告时同样适用。在给 10 万个未经调研的潜在客户投递广告邮件、浪费大笔邮资和其他成本之前，你可以用不同版本的广告对 5 000 个客户进行预调研。

你可以在内容相同的邮寄广告中使用两个不同标题，并将其印在广告信封上，或在不同的广告正文前使用相同标题和不同的订单表。尝试在销售信件上添加新元素，如补充传单、写着“请看我”的折叠便笺、预付邮资的反馈卡。在花一大笔钱启用某种大规模的营销方式之前，尽可能在小范围内针对多个不同要素进行调研。通过这种方法，市场会把需求、愿意支付的价格和能引起积极回应的报价范围等信息统统告诉你。电视广告、广播广告、现场销售、店内广告以及电话销售采用这种调研方法，效果也很好。

重视反馈的质量而非数量

完善了调研方法后，下一步要考虑的就是反馈的质量，而不只是数量了。要调研广告的每一个细节，这一点至关重要。例如，与 A 广告相比，B 广告能吸引双倍的初始客户，那就不要再自动投递 A 广告；之后你可能又会发现，尽管 B 广告能吸引更多客户，但是你放弃的 A 广告能吸引客户反复购买，且购买持续时间是 B 广告的 10 倍。这就是必须调研并持续跟踪反馈数据的原因。通过反馈，你会发现哪条广告能带来多少销售业绩、普通订单平均值多少钱、其平均成本是多少，以及客户再次下单的订货量和次数。很多擅长吸引客户的营销人员并没有计算客户转换率，但这一点的确非常重要。通过以上信息，再进行必要的计划，你就可以确定潜在客户转换成买家的数量、首次交易的客户可以平均贡献多少销售额、客户一年的购买次数以及每次购买的毛利润和净利润。

使用电话和邮件的问题在于，接触到的潜在客户可能不愿参与问卷调查，但提供优惠券或奖励可以说服他们。如果采用的是电话调研，也可以考虑在销售成功后再打电话进行调研，客户满意时更愿意分享自己的想法。

营销体系：将潜在客户持续转换为客户

这些调研和激励措施，有助于发展和完善企业的整体经营战略。拥有能持续转换客户的营销体系，是战略型企业的特点之一。为了找到不同类型潜在客户之间、不同购买原因之间的关联，这类企业会仔细评估销售数据，发现最大利润点所在，然后充分利用一点。毕竟某些潜在客户值得花更多的时间和精力。帕累托法则（Pareto Principle，即 80/20 法则）认为，80% 的利润是由 20% 的客户带来的，而剩下的 80% 客户只能创造 20% 的利润。你显然愿意将广告和其他营销策略的重点集中在能带来高利润的那 20% 客户身上，但不进行数据分析就无法找出他们，无法给他们足够的时间和应有的关注。比如，文具用品店店主通过市场调研发现其核心客户是大学生，于是重点打造以学生为目标的广告和优惠活动。

此外，还可以利用调研将整体经营战略提高一个层次。如果学生倾向于向你购买产品，下一步就应该提供与文具用品相关的产品或服务，例如送货上门；然后你需要问自己："这类客户还可能会购买什么产品或服务？"大学生极有可能需要电脑、大量教辅书和其他书籍。确认这一点后，可以推荐他们向你的合作经营者购买电脑或教科书，赚取一定比例的提成或互荐机会，或者自己来满足这类需求。作何种选择取决于你的经营状况，以及你考虑添加的产品或服务所需的技术因素。

清楚客户未来极有可能购买哪种产品或服务，以及其购买次数、持续购买的时长，可以帮助你分析客户的短期价值和长期价值，确定哪类客户更有价值。

制订战略时，最重要的是要问自己："我想吸引哪一类客户或企业，为什么？"然后通过市场调研找出答案。战略型企业只采用长远的、合乎逻辑的策略。它不仅吸引潜在客户，还将潜在客户转变成现有客户，并形成持久的、重复购买的合作关系。

如果战略制订得好，可以预测出每个月最受欢迎的产品或服务能吸引多少潜在客户和新客户。稳定的体系能一步一步地引导潜在客户依照这个顺序转变：潜在客户变成初次买家，初次买家变成老客户，老客户变成 VIP 客户。在这个过程中，买家会把你推荐给别人，这些人最终也会变成 VIP 客户。每一个被推荐客户的购买量都在增长，还不断介绍新客户。不知不觉间，你的业务迅速扩张。听起来很棒吧？但是，与客户沟通并不仅限于调研，还包括始终以自觉的、体贴的、恭敬的方式传递与你和你的企业有关的信息。要想知道我说的是什么意思，请继续阅读下一章。

What Are You Saying About Your Business, And What Are Your Communications Really Saying About Y

第9章

广告宣传

只有你才能满足客户的需要

想抓到更多蜜蜂，蜜比醋更好用；想要吸引客户，就要让他知道，你不但能提供蜜，而且只有你能提供适合他特殊口味的蜜。

美国第四大百货零售商西尔斯规定，如果客户发现另外一家商店的价格更便宜，西尔斯允许客户以更便宜的价格购买，并补偿差价的10%。消除潜在客户的犹豫和谨慎，你还能比西尔斯做得更好吗？

每个人都渴望受到喜爱、被人关注。给客户提供特惠待遇，能让他们觉得自己是特别的，同时也强化了他们对销售信息的感知力。

沟通是发展业务、增加潜在客户、提高销售业绩的最重要方法之一。创造一种沟通方式，有效地传达业务内容，将自己的产品和同行区别开来，应该也是众多企业家梦寐以求的事。你传递的销售信息应该像印在促销用品上的口号一般，涵盖业务的方方面面，包括煽动性广告、销售方式和优惠信息。潜在客户与你会面后、在展销会上离开你的摊位后、阅读了你的广告后，销售信息就是留在他们脑中的印象。从本质上讲，这就是我们在第 2 章中讨论过的独特卖点。下面我们来深入讨论一下。

销售信息：对产品和服务充满热忱

你所传递的销售信息必须直接与你想达到的目的挂钩。你想做什么，你能为市场提供什么？你所在的市场还有什么需求没有被满足，例如可选范围不够大、客户服务不够周到或者服务不够及时？查找这些问题的答案，并利用答案构建你的销售信息。这些信息务必引人入胜、切中要害、前后一致，最重要的是，要明确无误。含糊的信息对你和你的潜在客户一点好处也没有。无论销售信息以什么为基础，是服务、品质还是其他方面，必须有清晰的切入点。一家比萨饼店的销售信息绝不应该只是简单的一句“我们卖美味的比萨饼”，而应该是“热腾腾、现烤的比萨饼，30 分钟内送货上门，只需 8.99 美元”。

如果销售信息中充满着对产品或服务的热忱，潜在客户就会对此作出回应，并不知不觉地像你一样，为产品或服务兴奋不已。为了将这种热忱转化为销售信息的一部分，你必须指明你的企业能在哪方面为客户提供更好的产品或服务。销售信息必须清楚地表明，你的企业跟其他同类竞争者相比，不同点及优势在哪里，而这些不同或优势之处必须是你确实能够做到的。像马歇尔百货（Marshalls）、伯灵顿制衣厂（Burlington Coat Factory）、TJMaxx 之类企业，不仅标榜其服饰价格合理，还提供比百货公司便宜得多的设计师品牌。相比其他没有设计师品牌的平价服饰店，他们的优势立刻就显现出来了。

确认独特卖点后，必须将它融入促销、营销、广告和销售的各个环节，包括你和销售人员的言行举止，以及宣传册、推销信、平面广告中。销售信息不只是嘴上说说而已，你还需要向客户和潜在客户证明你的诚信。通过传递极具诚信度、热忱度和竞争优势的销售信息，你就有效地抓住了客户的心，之后即可通过持续联系让他们对你保持兴趣。

如果销售信息的效果不如过去好，或者就现阶段看缺乏独特性，只需要作一些调整，就能令它重新充满活力。试着给营销计划注入新活力、新创意、新趣味和新力量。当销售信息以焕然一新的面目出现，客户就会为此感到兴奋，从而被你和你的产品吸引。

正如前一章所说，可以根据购买量、销售额和重复购买次数等信息分析产品的市场潜力。**销售消息不仅要填补市场空白，还要带来足够的购买量、客户和利润，以便满足你的发展需求。**此外，你还可以用调研获得的信息开拓业务。例如，可以用价格昂贵的精品业务吸引低容量、高利润的高端市场，并为高容量的大众市场提供折价产品，或开创一项业务满足特殊需求。归根结底，你的销售信息和广告必须能准确打动特定目标人群。我已经向你展示了如何完美呈现完美的销售消息，下面再来谈谈广告。

网络广告：消除潜在客户的犹豫和谨慎

潜在客户看广告和销售网站时，首先看到的是标题，这应该也是你最想传达的信息。**广告标题必须直接地告诉潜在客户，与你交易能获得什么特殊的益处**。无论广告内容如何，如果受众没有被标题吸引的话，他们就不会继续往下看。标题必须让人印象深刻，必须包含关键词或关键短语。大多数人在展销会上错失机会，就是因为他们挂出的标语过于苍白无力，而标语其实就是标题。一个足够有吸引力、精确无误的标语，会吸引无数与会者驻足。例如，你的标语是“确保产能增长 40% 以上的新方法”，毫无疑问会引起很多人的兴趣。看到这句话，没有人能若无其事地问一句：“那又如何？”

传递这类销售信息的诀窍，在于确保潜在客户能迅速了解你的身份、你提供何种产品或服务，以及他们应该选择你的原因。通过传递正确的销售信息，你就能吸引足够多的注意力，并将潜在客户变成现有客户。

除此之外，网站是测试标题、价格、折扣和其他要素是否有效的最佳媒介。与实体广告不同，网站上的标题和其他特定要素可以随时免费更改和调整，你可以很快找到能产生更好效果的标题。

下一步是提供证据，证明你能完成标题中的承诺，例如客户评价、权威人士推荐、媒体推荐，并保证如果客户不满意就全额退款。如果提供全额退款的承诺不现实，可以提供部分赔偿。我在第 7 章提到过，剔除交易带来的风险和不确定性能让交易更快进行，成交几率也更高。也就是说，在销售计划中增加风险逆转因素，可以显著提高销售量。

例如，在广告宣传中，美国第四大百货零售商西尔斯（Sears）着重强调其价格保护政策（Price Protection Policy），如果客户发现另外一家商店的价格更便宜，西尔斯允许客户以更便宜的价格购买，并补偿差价的 10%。有了这样的保证后，客户还会到其他没有价格承诺的商店里购物吗？如果你的竞争对手不能消除潜在客户的犹豫和谨慎，而你提供全额退款或退换货服务，你就拥有了优势。

在广告和网站上，请使用“请在售罄前拨打电话！”或是“立即订购，免运费！”这类短语引导潜在客户的行动，并告知他们行动理由、行动带来的益处和犹豫不决可能导致的损失。此外，优惠券、折扣、延长保修期、赠送免费的服务或产品、承诺为“前 X 名购买的客户”提供特惠待遇、提供红包奖励等也能带动销售。

每个人都渴望受到喜爱、被人关注。给客户提供特惠待遇，能让他们觉得自己是特别的，同时也强化了他们对销售信息的感知力。

提供的奖励必须与销售信息有关，这点也很重要。如果销售信息中强调优质服务，促销活动最好也以服务而非价值为基础，例如提供额外或延期服务。网站是发布特色奖励的最佳场所，在赠送免费样品或提供其他优惠时，也能获知潜在客户的姓名、地址、电话号码和邮箱地址。

无论线上还是线下，提炼销售信息时都必须真正在意客户的满意度，真正对产品或服务有热情。潜在客户一眼就能识别出伪装的关注与热情。在制作网站内容或任何形式的广告时，请以潜在客户的角度审视它。毕竟，潜在客户登录网站有着唯一的目的：寻找对他们有用的产品或服务。毫无疑问，你渴望通过一条让人难以抗拒的销售信息把潜在客户转变成现有客户。根据我过去的经验，我可以告诉你，缺乏独特价值的销售信息对潜在客户缺乏吸引力，很容易遭到拒绝。

潜在客户在浏览你的网站时会频繁地说："那又如何？"你的网站必须能清晰、直接地突破他们的心理防线，否则那些人说了"那又如何？"之后就会离开。你必须确保销售信息完全不会让这样的字眼在潜在客户脑海中出现。向他们表明诚意与敬意，这样才能建立起牢固的长期合作关系。销售信息中的每一个要素都必须能引起潜在客户的共鸣，让他们觉得你比竞争对手了解他们的需求，与你交易是最放心、最划算的。

大部分网站都将关注点放在自己的企业上，别跟他们一样。让你的网站以访客为中心。很多经营者都错误地认为人们逛网站的方式与周日开车闲逛类似，但这与事实相去甚远。实际上，人们并不是随意地浏览网页，他们登录网站是因为有需求，他们需要在很短的时间内判断你的网站能否满足这个需求。如果没有立刻看到相关证据，他们就会关掉你的网页。

网站的登录页面必须开门见山地表现出与你交易的特定好处，必须在访问者关闭网站窗口之前，以难以抗拒的方式迅速将这一点传达出去。

假设我是整容医生，我的登录页面上可以写："欢迎光临亚伯拉罕医生的美容整形网站。"但这对访问者而言有什么好处？能满足他的什么需求？跟他有什么关系？合适的标题应该是："这里有关于整形最重要的5问5答，并提供一对一的咨询服务，帮您选择最适合您的整形手术！”

切记一点：标题上的关键问题，只有你才能解答，只有你具备更好或更迅速地满足客户需求的优势。重点在于传递更多实际价值，表明自己清楚客户看重的是什么，理解客户的想法和需求。因此，你是唯一可选的供应商。

当潜在客户访问网站时，你希望他们能与你建立业务关系，你希望他们被你迷住、受到吸引、愿意留下来。因此，应该让他们一开始就看到产品或服务的神奇效果：他们的需求会得到满足，问题会得到解决，只有你能提供这项神奇的产品或服务，给他们一个更美好的未来。要知道，建立网站的目的并不在于用各种花哨的手法表现你的名字和形象，而是以直截了当、引人注目、让人难以抗拒、先发制人的方式展现你能提供的真正价值。

在网站上登载销售信息时，也要注意这一点。要用网站上的信息，包括产品介绍、客户评价、风险逆转或奖励等一步步诱导潜在客户，让他们最终采取行动，购买你的产品或服务。

不同客户对信息量的需求不一致，因此必须注重网站的实用性和一致性，这意味着你应该在网站的每一个页面上都添加“直接购买”的链接。当今社会的生活节奏如此之快，购买过程越便捷，潜在客户越有可能购买。

要设身处地地为潜在客户考虑，尽可能满足他们的需求。你当然希望鹤立鸡群，但更重要的是，你希望成为必不可少的人。若想达到这个效果，你必须让客户清楚这一点：在整个市场上，只有你能令他们满意。让这一点成为你的销售信息，你的销售业绩就会像雨后春笋般迅猛增长。

传统媒体广告：催促客户下订单

还要提醒你一点：千万不要低估电台之类传统媒体的力量。电台有很多能够帮助你增加销量的独特优势。全世界有 1 万多个无线电台，你只要拿起电话，足不出户就能把想传达的内容传递到千里之外。你可以在电台广告中提供一个免费电话号码或者网址，方便听众迅速联络你。

很多人都以为，在电视或报纸上刊登商业广告比电台更直接，在传播销售信息的同时就会使销量得到增长，但却忽略了另一点：通常来说，选择电台比选择电视或纸质媒体，可以获得更多的宣传时间。电台中的一档节目通常持续 20 分钟左右（包括插播的商业广告），而电视广告只持续 5 ～ 8 分钟。此外，你有机会锁定目标受众。每一周、每一天都有很多不同的广播节目，如果你在推销一个与体育相关的产品，你可以上体育脱口秀节目，收听该节目的听众更有可能对你的产品感兴趣。而且，上电台节目比上电视容易得多，还有机会接听潜在客户打来的电话。

想要上脱口秀节目，你的主题必须符合广播的要求，即能为消费者提供及时信息。尽可能将你的产品与热门的时事、趋势或时尚信息联系起来，让节目趣味化。

如果你出售的是厨房用具，你可以谈一谈有机食品，以及如何用你的厨具烹制健康的菜肴，听众在对话题感兴趣的同时，也会自然而然地被吸引到你的产品或服务上来。你或你的营销人员要注意浏览每周杂志或新闻网站，查找与你的产品或服务相关的新闻或趋势，借此影响消费者。你能帮他们做什么？新闻又会对他们产生何种影响？把自己当做听众，正如创建网站时，把自己当做潜在客户一样。你的听众为什么会对你的话感兴趣呢？原因很简单，你讲的是热门话题。

另外，上节目时，不要只是讨论广告内容，别把你的节目搞得像电视购物节目。冒着再也不会受邀上节目的风险，不停地提及你的产品或如何订购，这是非常愚蠢的做法。集中精力回答主持人的问题，尽可能给听众提供有用的信息。务必把联系方式或订购方法表述清楚，这样听众才有机会了解更多业务信息。如果有听众打电话进来，你就又获得了一次谈论产品或服务、提供真实事例来证明产品或服务价值的机会。

节目结束之时，是推销产品或服务的最佳时机。只有那些对你的业务仍然感兴趣的听众才会坚持听完整个节目。时刻牢记，你上电台的唯一目的，是制作一期引人入胜、有启发性的精彩节目，把听众以及电台主持人的心牢牢地抓在手里，让他们相信自己需要你的产品或服务，并作好下订单的准备。

新闻稿也是一个让你与潜在客户交流的方法。在适当的时候，可以试着发布一份包括销售消息和订购方式的浓缩版新闻稿。千万别忘了加进订购方式哦，没有向潜在客户提供订购方式的广告一文不值！

俗话说得好，想抓到更多蜜蜂，蜜比醋好用。你可以通过打电话、写信、约见编辑面谈等方式，与他们建立融洽的关系。与媒体人士交朋友，持续提供吸引他们注意力的信息，如果他们在一个或多个领域期待你的意见，就有可能形成长期合作关系。如果你能为相关杂志提供新闻稿，那么你接触到的目标受众就比以前多得多。

无论你借助多少不同类型的媒体来推销产品或服务，潜在客户是否采取行动仍然取决于你的销售信息、传递信息的有效程度，以及你信守承诺的程度。如果你的信息清楚明确地表明了你的独特卖点，将你与同行区别开来，或暗示你能满足市场的某项空白，以及充分展现你的热忱，就能有效地吸引潜在客户，并帮你将潜在客户转变为长期客户。

保持联系：将首次客户变成长期客户

将访问者或潜在客户转变为首次购买客户后，下一步的重点就是保持他们对你的企业及其产品或服务的兴趣。如今的信息量比以往任何时候都大，人们很容易淹没在洪水般的信息中，这一点确实成问题。客户完成交易后就会开始考虑别的事情或需求，很快就会把你从短期记忆中删除。如果你希望长期留住客户，你所面临的最大挑战也是最大的机会，就是与客户保持联系。

保持联系会让客户时常想起你的产品或服务多么有价值，你对他们的利益有多关心，以及他们多么喜爱从你手上购买的产品或服务。保持这种联系的活力。然而，不停地提醒客户你的存在也难免会让他们的厌烦。这种联系必须具备战略性和目的性，必须能够服务于客户。最重要的一点是，与客户沟通时，无论使用哪种战略，必须把客户利益放在首位。例如，询问一下客户对产品或服务的满意度，或提供免费新品、保养检查，以及提出能使他们更好、更长久地享用产品或服务的建议。

最好把客户视为亲切而有价值的朋友，觉得能认识他们是你的幸运。如果你把客户视为你有幸保持联络的朋友，你就会觉得愉快得多、有收获得多，利润也会高得多。假设你添置了一台新冰箱，销售人员几天后打电话来询问冰箱的运作情况和温度计是否正常，一个月后他又打电话来确认你没有遇到什么麻烦，你会怎么看待他的关心？你是否认为他比其他电器销售人员更加关心你？如果朋友需要买电器时，你是不是会推荐他？下次需要买电视机时，你是不是会到他的店里购买？答案毋庸置疑。

当一家企业将精力用于关怀客户时，他们自然会得到客户更高的忠诚度，而对此采取忽视态度、从未提供过这种星级服务的企业终将被客户遗忘。你一定听说过这种说法："尊重是赢来的。"客户忠诚度也是一样。当客户体会到你的周到和忠诚后，他们也会以同样的周到和忠诚回报于你，并为你带来更多客户。一般来说，首次交易后是一个非常好的联络时机，你可以通过以下几步进行：

- 适时提醒他们当初的选择有多正确。
- 再次传递你的销售信息和风险逆转策略。
- 向客户表明，这次的交易条件在下次交易时照样适用，让客户觉得与你长期交易非常值得。
- 再次确认客户已经领会了你的销售信息和风险逆转策略，并解释你使用这些策略的原因，以及这套策略对他有何益处。

大部分时候，客户无法很快理解你所采取的策略对他有何益处，应该耐心与其沟通，他们才会懂得感谢你作出的努力。作为核心销售信息和承诺的一部分，售后跟进非常重要，它能强化客户对企业的忠诚度。此外，跟进电话或者邮件能在很大程度上消除或减少退订、退货、客户投诉等情况的发生，同时让客户觉得选择你作为长期购买的对象是明智的选择。

你还可以在网上建一个社区，用于向潜在客户传播信息并与他们交流；建立交互式网站，允许访客上传文章、发表评论等；还可以建一个论坛，组织投票、问卷调查或者趣味竞赛。或者利用微博、微信这样的社交网络扩大企业影响力。花费一点时间学习如何利用电子邮件和网络进行策略营销，能帮你拓展业务优势，为企业带来更多利益。无论你的企业规模如何，上述方法都可以为你节省大笔宣传费用，并且带来超乎想象的新客户。此外，电子邮件和网站能让你随时为客户提供回复，帮助他们解决问题，从而提高他们的满意度。

尽管网上存在各种谣言和炒作，但只要能提供有价值的产品或服务的人愿意花一些时间，学习不断变化的网络文化，找到留住线上客户的最佳方法，网络就会为其提供无限机遇。

Why Referrals Rule: Creating Formalized, Strategic Revenue Generating Systems To Have Clients Rushing To You

第 10 章

客户推荐体系

让热情的客户充当销售代表

A 化妆品公司花费大量时间、精力和金钱在传统的广告、宣传和其他营销方式上，业绩仍然欠佳；而 B 化妆品公司在零广告费用的情况下，只花了短短的半年时间，业务量就翻了两番，客户推荐体系的威力大过广告？

如果只需要花区区 10 美元的广告费就能留住一位普通客户，而他一生平均消费 1 000 美元，你愿意在广告上花更多钱吗？

尽管现在科技发达，互联网等新媒体使联络变得更为迅捷，口耳相传这一传统宣传方式依然在广告界所向披靡。你要做的，就是充分利用口碑的潜力。

我经常说，客户推荐是一种受到严重误解的扩展业务方法。有些人认为客户推荐只是在浪费时间，认为它难以起到什么作用，或者认为要求客户帮忙推荐属于强人所难。实际上，客户推荐能让你的业绩呈指数型增长。通常情况下，推荐而来的客户购买量更大，他们不那么在意价格差异，也很少出现后悔的情绪，与其他类别的客户相比，推荐的客户更忠诚，带来的利润也更高。如果你不请求客户把你推荐给他的朋友，就等于切断了自己的业绩增长之路，而且剥夺了客户想感谢你提供这么棒的产品或服务，并把你推荐给朋友的机会。不要因为尴尬而不寻求客户推荐。即便你不这么做，你的竞争对手也一定不会放过这个机会！

很多企业浪费了太多时间、精力和金钱在传统的广告、宣传和其他营销方式上。其实，只需花费上述开支中的一小部分，建立起一个结构严谨的内部推荐体系，就能获得数十倍的收益。在这一章中，我要告诉你如何建立有助于利润率增长的推荐体系，不需要祈求奇迹，也不会显得你强人所难。

帮客户照顾好他身边的人

信不信由你，建立客户推荐体系需要大多数经营者转变经营哲学。当然，并不是说要你寻求神灵，或到丛林里冥想，才能明白客户推荐的作用。我的意思是，你必须有意识地调整在客户生活中扮演的角色。如果你一直在运用本书中提到的经营理念，我希望你明白，与其他竞争对手相比，你的公司能为客户提供更多价值、作出更多贡献。如果把这一观点融入到经营的各个环节，推荐的价值就变得很清晰了。你的产品和服务如此，你有义务让尽可能多的人了解你的销售信息，并从你的产品或服务中获益。

在这本书中，我一再强调“与客户恋爱”的重要性。即便他只买过一次产品，也终身是你的客户，你有义务永远为他或他的公司服务。从某种意义上讲，你与他的关系就跟你与最好的朋友之间的关系差不多。对你朋友重要的人，对你也重要，你会毫不犹豫地出手相助。客户推荐其实是同一回事。与客户恋爱，等于承诺你会永远在他身边，不仅仅在他本人的身边，也会在他认为重要的人身边。必须在脑海里牢记这样一个概念：**你有义务照顾好客户身边的人**。如果你没有这么做，就相当于你是唯一能满足他们需求的人，却因袖手旁观而剥夺了他们满足需要的机会。这就是我所说的转变经营理念。

现在你应该已经明白不能忽视推荐的原因了。那么，应该如何建立推荐体系呢？你应该把每个客户都看作至少能推荐十几个潜在客户的资源，只需用适当的方式激励他们就可以了。优质的产品或服务，以及你给予客户的优惠条件，确实会让他们迫不及待地想与朋友分享，但在现有客户推荐新客户时，提供额外的100美元奖励也是很好的办法。一位心理医师听从了我的建议，对于客户推荐来的新客户免收首次诊金，从而大大地提高了业务量。他争取到的新客户和新业务带来的利润也远远高于他免费提供诊疗的成本。

你可以与你的营销团队群策群力，想出各种激励的办法，例如给推荐新客户的人一个特别优惠，承诺他下一次购买时享受折扣价，或者享受一次免费服务。其实，想要表达对于推荐者的鼓励和感谢，有很多具有吸引力的方式。尽管试一试所有方法，就按我的口头禅做：对一切进行调研。你可以对好几种不同的激励方式进行调研，看哪一种能为你带来最多的新客户。拥有好几套激励方案可以使你有备无患，也可以同时操作好几种不同的客户推荐体系；为了最大程度地拓展业务，你也应该立即对选定的几种推荐体系进行调研。确立了最佳推荐方法后，让它像上满油的机器那样迅速运转起来。推荐而来的客户又会推荐新客户，新客户又会推荐其他新客户，推荐体系就这样周而复始地运转下去。

我会向你介绍一个可供使用的推荐体系指南，但在开始介绍之前，你应该收集一些准备资料，包括你的理想潜在客户是谁（即你偏爱哪种类型的客户）、潜在客户的需求、竞争对手的优势和劣势在哪里，以及理想的潜在客户还有什么问题待解决和你能做什么改变这种现状。

请现有客户推荐其他人时，需要一点奉承技巧。告诉客户，与他们做生意非常愉快，他们一定认识一些有相同需求的人，你希望他们能够推荐他和你认识，并承诺会给予这些人同样的重视。描述你的产品对于哪种类型的客户或企业最有帮助，然后报出一个无风险、免责的销售金额。大多数人并不知道你在寻找哪一类人，如果你能准确描述你所期望的类型，客户会根据你的描述从认识的人中筛选出潜在客户。随后，他极有可能为你提供高质量的推荐。

与客户推荐的人协商、交谈、会面，都算是为客户提供的一种服务。为推荐而来的潜在客户提供咨询服务，但没有表现出期待他们购买的心理，客户就会认为你是权威人士，可以放心地把更多朋友和同事介绍过来。如果你坚持这么做，就会发现新客户的数量超越你的想象。我曾见识过一些企业建立了客户推荐体系后，在没有付出任何广告费用的情况下，短短的半年时间，业务量翻了两番。

VIP 俱乐部变身客户开发地

另一种产生推荐销售的方法，是建立 VIP 客户俱乐部，用以显示你对客户的关心、尊重，表达你希望为客户以及他的朋友服务的意愿。当最有价值的客户发现自己属于某个团体，身边有一群拥有相同爱好和特质的人，他会更愿意与你建立亲密关系，而这种举措也会为你的生意建立一个有效的客户推荐系统。

糕点装饰培训班引来新客户

琳达拥有一家蛋糕店，可以现场烘烤蛋糕、饼干和其他糕点。为了拓展生意，她开设了一个糕点装饰培训班，邀请长期客户学习装饰糕点的技巧，并允许他们每人携带一位朋友出席。

此外，她把广告发到烘焙网站和论坛上。那些从来没有在琳达的店里买过蛋糕的人听说以后，也表示有兴趣参加。第一次培训结束后，那些跟随长期客户到场听课的朋友也开始邀请他们的朋友来听一听。

如此一来，琳达的培训课程名气越来越响，她的蛋糕销售业绩也跟着水涨船高，利润自然也大幅增加。于是，琳达买了一家更大的店，加雇了好几位面包师，同时也不忘聘请两位培训师，专门在糕点装饰培训班上授课。

现在，这个培训班俨然已经成为除了蛋糕销售主业之外的另一大创收来源了。

琳达的经验值得借鉴。在邀请客户参加讲座或咨询会时允许他带一名朋友，那位朋友当然就是潜在的客户。这位朋友极有可能对你出售的产品或提供的服务已有较浓厚的兴趣，否则他们不会陪你的客户参加讲座。因此，在参加完讲座之后，他极有可能成为一个新客户。

任何类型的企业都可以建立 VIP 客户俱乐部或举办咨询会。这种做法在利基市场中尤其有效，因为可以利用客户的特性。例如，销售户外设备的企业可以为远足和野营活动提供赞助，而推荐新客户的老客户则可享受折扣价或获得免费的装备。

越满意，越推荐

你也可以通过客户满意度调查，从现有客户那里获得评价。与客户沟通时，尤其是与购买量最大或交流最频繁的客户沟通时，都要询问他们的反馈意见。你会发现很多客户都很认可你的产品或服务。如果他们的认可度高，就很可能愿意把你推荐给其他潜在客户，或者极有可能已经通过口口相传的方式把业务给你带过来了。如果你没有建立客户推荐体系，就错失了“让热情的客户充当销售代表”这个毫不费力、免费地增加销售业绩的机会。

建立了类似客户满意度调查的客户推荐体系后，最好再给所有提供积极反馈的客户写一封感谢信，感谢他们花费的时间和对你的产品或服务的赞美，并询问他们是否有认识的朋友或同事也可能购买你的产品或服务。如果他们推荐新客户，可以提供奖金或折扣以示感谢。调查也让你有机会了解客户对产品或服务是否存在不满，是否有问题需要解决，以及是否有解决方案。

一些杂志社拥有“礼物定制系统”，会不定期扩展用户订阅列表。在每年圣诞节前，杂志会给当前订户寄一封这样的邮件：“把这张为期一年的订阅单作为礼物寄给 5 个朋友吧，它会让朋友了解您的慷慨。另外，每张新的订阅单都让您享受 8 折优惠！”这是相当聪明的做法，杂志社在没有表明需要推荐的情况下，就已经获得了推荐。

在建立客户推荐体系的过程中，有一个简单的诀窍，**就是找出客户喜欢你的原因，它就是你的优势，是你应该放在销售消息中的真正卖点**。这些原因可能是你致力于提供优质客户服务，愿意加倍努力满足客户需求，或提供合理价格，或产品质量过硬。把客户的注意力吸引到你的独特卖点上，让他们知道，你希望他们的朋友和同事也从你这里受益。给他们一个无风险报价，并让他们在把熟人介绍给你后就能得到奖励。

普通客户净值有多少？

在对 VIP 客户关爱有加的同时，不要遗忘那些普通客户，要确保你尽最大努力，把能提供的所有好处都给了他们。为了增加成交量，每次有客户购买时，你都可以提供额外的产品或服务。如果一位客户订购了一个 MP3 播放器，要提醒他你也出售扩音器、耳机以及播放器的保护套。你也可以给购买量大的客户提供优先购买的机会，在首发销售或引进新产品之时，为他们提供特殊折扣价、特定的组合产品或服务、自动重新订购的特权，以及其他优惠待遇。再重复一遍，每个人都喜欢享受特殊待遇，你的客户也不例外。

在决定花多少精力争取新客户时，应该同时考虑普通客户终其一生在你这里能创造多少销售额，以此确定他们的“客户净值”。

分别列出普通客户终生购买的总额和为了留住他的广告费或奖励费，然后比较两个数值的差额。如果只需要花 10 美元就能留住一位普通客户，而他一生平均消费 1 000 美元，那毫无疑问，你肯定愿意在广告上花更多钱。

如果把你客户看作朋友，那么你肯定想把最好的提供给他们。如果他们在不甚了解的情况下就仓促作出采购的决定，你一定会阻止他们，对吗？如果你得知客户认为重要的人打算购买你专业领域内的产品或服务，但却没能获得与你的客户同样的好处，那么你应该尽力帮助他们。并不仅仅是为自己的利益考虑，还因为客户认为重要的人对你也很重要。也就是说，增加客户推荐量应该是首要任务，但前提是不能忽视现有客户。

下面这些方法，能帮助你和你的客户辨认新客户特质：

确定理想潜在客户的特征。包括收入、财务状况、年龄、性别、民族、居住环境、地理区域、职业类型、婚姻状况、宗教信仰、兴趣爱好、政治观点、所属协会或团体、座驾类型、订阅杂志或报纸的类型、教育背景、投资类型（房产、储蓄、账户、股票、债券等）、生理和心理状态、是否吸烟饮酒、度假及购买偏好（高消费或折扣零售、直邮、杂志、电话、网络等）、地理位置，以及其他适用于你的业务的特征。

找出可以把潜在客户推荐给你的人。供应商、客户、员工、竞争对手、亲戚、潜在客户、潜在客户的邻居及朋友，宗教、兄弟会、联谊会、行会、慈善组织或以兴趣爱好为基础的协会成员、潜在客户信任的业内外专业人士、潜在客户尊重和信任的领袖或名人、杂志编辑和作家、雪茄、旅游、音乐、赏鲸等俱乐部、有机会与潜在客户合作的个人和公司，以及政府监管机构等。每个组别都包括当前和过去的客户。

为客户推荐创造条件。首先确保你的产品或服务足够好或有价值，如果不够好，就请改善它。之后，你需要做如下几件事：

- 尊重你做的事。
- 将自己与竞争对手区分开来。
- 了解当前客户的情况，显示出对他们的兴趣。
- 承诺即使被推荐人不购买产品，你也会为他们提供有价值的服务，让他们了解与你的业务有关的一切，这些内容有可能影响被推荐人。
- 从理性和感情上说服客户为你推荐新客户。
- 向客户说明你的大部分业务都依靠客户推荐，你会花费更多金钱和时间提供更好的产品或服务。
- 承诺提供推荐奖励（有些专业人士提供推荐不能收取任何好处，你可以帮助他们发展业务，给他们最喜欢的慈善机构捐款等。有时候，你需要强调并不是按照推荐次数、推荐人数或者获得额外利润的方式进行奖励）。
- 承诺免费或以折扣价给客户提供一种产品或服务，告诉他们这是推荐新客户得到的奖励。
- 承诺给被推荐人提供特殊奖励。特殊奖励可以是奖金、退款担保、折扣或者任何对被推荐人有吸引力的奖励。

- 让你的客户打电话或直接联系被推荐人。
- 在要求老客户推荐新客户之前，先为老客户做一些事。这种做法才符合互惠原则。可以寄一张生日贺卡、请对方吃午餐、给他们推荐一个客户、给他们提供一份报告或一本书，或者任何他们感兴趣的东西。
- 与提供过新客户的老客户保持联系。
- 告诉老客户他们推荐的人成了新客户。
- 联系推荐新客户的老客户，让他们了解事情经过。
- 选择最合适的时机，请求客户为你推荐新客户。可以是他们刚刚购买了你的产品或服务后，可以是你刚帮了他们一个大忙的时候，比如退了一大笔款、低价卖出、赔偿损失，或履行承诺的服务或义务，也可以是他们生活中发生一些特殊事件时，例如结婚、孩子出生、升职，获得某项殊荣、退休或转行。
- 不要害羞。请求客户推荐你，然后感谢他们。
- 帮助你的客户辨别被推荐候选人。询问他们，“你知道谁_____？”尽可能在空白处填写不同类型的人和情景，帮助他们筛选。筛选条件大致分为以下两种：

  经常接触的人以及希望使用的产品或服务。你也可以查看客户的名片盒或通讯录，让他们简单描述一下每个人的情况。

  描述能让人们想起某人的事件。例如退休、结婚、生小孩、离婚、采购或售出某样东西、搬家、装修房子、子女长大成人、搬家、亲人过世等。

现在开始，着手建立你的客户推荐体系吧。这样的体系建成后，相当于一台永动机，会令你的利润源源不断。尽管现在科技发达，互联网等新媒体使联络变得更为迅捷，口耳相传这一传统宣传方式依然在广告界所向披靡。你要做的，就是充分利用口碑的潜力，让客户的闲聊八卦为你创造业绩！

Leveraging Off the "OP's"

第11章 外部力量

现代商业让"自力更生"走开

亚伯拉罕20岁时，不花一分钱，就拿到了价值50万美元的录音带。音像店老板与他素昧平生，为什么相信他？

鲨鱼杀死并吃掉猎物后，领航鱼游到鲨鱼的嘴里，吃黏在鲨鱼牙齿上的残渣。通过这种方式，领航鱼得到了食物，鲨鱼得到了清洁的口腔。为什么你不仿效动物界的"联合经营"呢？

在当今快节奏的世界里，人类的知识总量每半年翻一倍。你怎么能指望依靠个人力量掌握这么多必要的知识？寻求合作意味着你在有效地整合知识、技能和关系。

如果你发现自己公司的业务停滞不前甚至一落千丈，而非你所期望的蓬勃发展，我想我可以给你上一课。根本性的原因在于：作为经营者，你倾向于把“创新”放在“最优化”之前。

我猜你心里肯定在嘀咕：“注重创新又有什么错？”“创新”这个词在商界已经成了热门词汇，这个词听起来积极正面、充满活力、具有进取精神。以上说法都正确，但“最优化”也具有相同的价值。

这两个词有什么区别呢？很多人并没有把它们区分得很清楚。然而，搞清楚这点很重要：尽管这两个概念在商界都很时髦、很热门，但它们的作用却大不相同。甚至可以说，它们是两个完全相反的概念。

◆ **最优化**：完善现有的操作程序，使其达到最佳状态，无论投入的是时间、资源还是资本，都以最少的投资获得最大的收入。

◆ **创新**：在风险可控的前提下搜寻行业外的非常规方法，以使操作上有惊人的进步。

创新需要资源，且前途未卜；最优化偏向于战略调整，更加注重结果。实现最优化，首先要了解收入体系的各部分表现如何，然后更换或完善无效的部分，将可用部分的有效性发挥到极致。最优化和创新都让人兴奋，而且都非常重要。但是，大多数经营者并不知道最优化的重要性在创新之上，或即便知道也没有采取行动。但是，最优化比创新更容易实现，而且应该率先实现。

优化的最佳途径：借助外部力量

大多数中小型企业的经营者并未深入研究商业策略，原因在于他们认为自己擅长经营活动，并沉溺其中。通常，他们的目的要么是想获得财务自由，要么是想赚更多钱。他们认为，不一定要对商业策略感兴趣，才能把生意做好。但它绝不能被忽视。很多经营者不愿意考虑如何将企业的利润、业绩、固定资产最大化，这也意味着他们会不停地做无用功。

你已经把所有精力都投入到经营上去了。如果你没有全身心地投入其中，估计你也不会坚持看到本章。你没日没夜地工作，许多经营者也跟你一样努力，但却回报甚微。其实你们不需要这么辛苦，只要转变一下思维方式就可以了。我提倡的新观念，就是要利用他人的帮助和投资将你的业务最优化。**邀请他人参与经营，是让利润和固定资产价值最大化、使你获得快乐和自由的最快方法。**你工作已经够努力了，为什么不能从别人的投资中获得最大回报呢?

我可以保证的一点是：单凭一己之力，绝对无法获得最优结果。听起来是陈词滥调，但没有人是在孤岛上生活，接受这一现实不仅是自救的关键，也是新时代哲学的核心内容。而且，它还是你获得利润的关键。如果你是负责制订策略的人，也跟进所有流程的执行，你很可能认为自己用的已经是最佳方法了，但我向你保证，绝对不是。经营者们通常难以接受这条真理，那些在传统经营理念影响下成长起来的经营者尤其觉得难以接受。

过去，单枪匹马、勤勤恳恳的创业者形象让人肃然起敬，而依靠他人的人则显得软弱无力。但是，最好不要把合作视为“依赖”，而要把它视为一种杠杆作用。

著名高管教练罗伯特·哈葛洛夫（Robert Hargrove）曾说过，21世纪伟大企业家的最大特征，是他们创造性地与他人合作的能力。随着社会经济、基础设施和技术的发展，一个人或一家企业再也不可能掌握打败竞争对手、满足客户日益增长需求的所有必要技能了。

相关研究显示，在当今快节奏的世界里，人类的知识总量每半年翻一倍。你怎么能指望依靠个人力量掌握这么多必要的知识？寻求合作并不意味着你在哪个方面有欠缺，只是意味着你在有效地整合知识、技能和关系。

把各部分结合在一起，你就打造了一个无与伦比的体系。单打独斗永远没有借助外部力量的效率高，因此，优化公司业务的第一步就是引入“利用他人资源”的概念。

你负责开发，我贡献名气

海尼斯是一位旅行餐厅评论家，也是《美食探险》（*Adventures in Good Eating*）一书的作者，这本书主要介绍美国主要高速公路旁的餐厅，上市之后非常受欢迎，海尼斯的名声更是家喻户晓。这一切，引起了纽约一位生意人派克的注意。

当时，派克正在寻找一条能够推广他新开发的烘培食品生产线的途径，他邀请海尼斯成为公司的合伙人。征得海尼斯同意后，他们一起成立了“海尼斯－派克食品公司”。派克负责产品开发，而海尼斯则负责利用自己的名气和媒体资源将他们的产品营销出去。

他们合作得很顺利。不到3周的时间里，他们所生产的各种蛋糕粉即占据了美国48%的蛋糕粉市场。

把你的资产与他人的资产结合在一起后，就创造了竞争对手无法匹敌的杠杆。他们仍然在单干，你却朝伟大迈进了。真正的杀手锏在于，你的合作者愿意为你的成功贡献力量，因为你也同样为他们的成功贡献了力量！如果你提供了他们想要的、欠缺的或需要的，他们反过来就会回报你最需要的。

合作的第一步，当然是确定目前缺乏但可通过“借助外部力量”获得的资源。然而，做第一个为潜在合作伙伴考虑上述问题的人，同样至关重要。找出别人想要却没能获得的资源、他们需要这些资源的原因，以及如何帮助他们得到它。对有些人来说，这种资源是认可；另外一些人可能需要知识刺激；有些人渴望加入你参与的一个有挑战性的项目，而项目的挑战性则说明它具有成就大业的潜质。

尽可能把工作任务委派下去

在利用行业外的人员与公司作为杠杆撬动你的业绩之前，先在业内进行尝试。如果你仍在踌躇不前或忙于经营，说明你正在使用的并不是最好的方法。你在牺牲你的潜力、你的利润和你的未来。

很多人不清楚，哪些项目在待办事项列表上可以被评估为"最高"和"最佳"。因此，他们可能只发挥出很小一部分潜力，在无关紧要的项目上花费了过多时间，这些项目根本无法提供足够的回报。你要不惜一切代价避免这种陷阱，不能做这种缺乏效率的事情。

在委派重要的任务之前，你必须首先确定哪些任务由自己完成最好，哪些任务交给其他人也可以完成得很好甚至更好。先在日常必须完成的任务中挑 3 个最关键的，把它们尽可能分解成多个子任务，通常分解成 5 个左右比较合适。根据这些子任务与业务和利润的相关性、你的能力以及兴趣，写下 3 个不同的分值。

如果一个子任务在至少两方面的分值都不高，它就不值得你浪费时间。例如，一个任务与业务的相关性很高，但你觉得自己不擅长，需要耗费大量的精力去完成它，你完全可以把它分配给一个效率更高的人；或者你很擅长，但你发现任务沉闷，让你缺乏动力。你有必要每天亲自花几个小时，查看每位员工的打卡记录吗？这个任务与业务的相关性不高，我猜想你对这项工作也并不热衷。

当然，必须有人查看员工的打卡记录，但这个人可以不是你。把所有与业务相关性低、你不胜任或者你不怎么热爱的任务都委托给别人吧。

人们不愿意委派任务的主要原因，是觉得其他人无法像自己那样圆满地完成任务。我要告诉你一个令人震惊的秘密：其实根本没关系。即便 10 个人都只能做到你水平的 80%，仍然相当于你独立完成时的 8 倍效率。

当其他人忙于你委派的任务时，你就有时间全身心地投入到自己最擅长、与业务相关性最高的任务中，你会发现业务开始成倍增长；而如果你忙于处理文件或起草报告，业务就会停滞不前。要知道，你的时间、精力和机会成本是最珍贵的资产，它们对你的事业和未来有巨大的意义。人们不愿意委派任务的另一个原因，是想要当一个“好老板”。他们不想把自己不愿意干的事情丢给别人做。如果你是这样的一个老板，我有惊人的消息要告诉你：“萝卜青菜各有所爱”这句话绝对是真理。

委派的艺术，在于把你认为是累赘的任务分配给乐在其中的下属。信不信由你，你最害怕的工作，另一个人可能求之不得。至少，让他们为此拿薪水，他们是非常乐意的。

精彩案例 ABRAHAM

我逃避的工作，实习生乐此不疲

我的公司里有一个叫伊恩的实习生。实习是有报酬的，但比全职员工的收入低得多。他负责许多琐碎的、费时的事务，比如排队帮我买 iPhone，然后下载程序并激活它；当我需要一个耳机时，负责搜寻最好的耳机，帮我购买并设置。

如果这类琐碎的事情都要我自己去做，那会浪费我很多时间。如果这样，可能要等到中午或下午，我才能开始从事实质性的工作。但伊恩喜欢前沿科技，对这样的工作乐此不疲。除此之外，他很高兴能获得一些宝贵的工作经验，把实习经历写入简历，还能建立一些人脉，同时赚取对大学生而言还算丰厚的工资。他的这些“工作成果”，公司里那些有 10 年工作经验的专家连看都不愿看，但伊恩却很开心。这完全是视角和个人喜好不同造成的。伊恩提高了我的工作效率，他的存在让我可以把全部时间和精力用于价值最高、我最擅长的事情上，对我来说，这就是在赚钱。

还有一个例子。几年前，我在英国的一场会议上认识了一位商人，他创造过在每平方英尺上售出最多商品的吉尼斯世界纪录。无论到哪里，他从不自己开车，而是请司机代劳。他的理由是，司机的时薪是 7 英镑，而他 1 小时的价值远远不止这些。"我并不是花 7 英镑雇人开车送我上班，而是每天花 7 英镑购买 2 小时工作时间。那些钱不是花费，而是投资。"很明显，这项投资的回报相当丰厚。

没有现金？以物换物

"委派意味着品质下降，意味着你是一个苛刻的老板"，这一观点的偏颇之处，我已经说得很清楚了。阻止经营者将工作委派他人的最后一个原因很简单：因为缺钱。很多客户听完我讲的聘请私人司机的故事后，都会垂头丧气地说："是啊，听起来很不错。我可雇不起。"

他们错了。他们不这样做，损失才更惨重。

企业性质不同，其人力资源的来源也有所不同，这是肯定的。我并不是建议你举债聘用好几个助手，只是认为如果你的时间总被浪费在无益的任务上，你的业务就无法获得拓展。你必须找人分担这类工作。那么，在没钱的情况下，你该怎么做？可以试着利用其他资源交换你助理的时间。

信不信由你，这世界上渴望工作而又有大把时间的人多得是，他们非常乐意为了特别的酬劳接受行政助理的职位。这些人是谁？休产假的女性、退休员工、不想朝九晚五的 SOHO 族、寻找兼职工作的人、希望把空闲时间利用起来的人。当然，还有那些正在找工作的人。正如可用之人有很多，非传统的付酬方式也有很多：

- 可以给他们支付佣金。
- 可以根据绩效制订延迟支付薪酬制，要求其以可量化的方式帮助你实现业绩目标。比如，要求你的助理增加一定百分比的销售业绩，或减少一定百分比的开销后即可付酬。
- 承诺公司达到某个最低基准后支付酬劳。自那时起，你的助理才开始收取费用，包括他的奖金。
- 如果你的助理注重工作时间段的灵活性，为了换取晚上或周末不工作，或者较短的工作时长，可能愿意接受较低的薪酬。
- 如果你的助理同时也是你的客户，用商品或服务换取时间或生产力。
- 寻找对新员工重要的无形资产并加以利用。例如，我的一位客户经营一家歌剧院，几个歌手无偿为他从事管理和营销工作。作为回报，每一出戏里他都让他们饰演角色。

像鲨鱼和领航鱼一样“联合经营”

不用我说你也知道，鲨鱼的凶残、对猎物的执著以及对食物的来者不拒，在动物界几乎无人能敌。海洋里的绝大多数生物都是它捕猎的对象，除了领航鱼。领航鱼体形很小，没有牙齿，外表看起来柔弱无助，但它们却很了解如何利用他人。

鲨鱼杀死并吃掉猎物后，领航鱼游到鲨鱼的嘴里，吃黏在鲨鱼牙齿上的残渣。经历漫长的进化后，鲨鱼已经学会容忍这些小游客的造访，因为残存的食物若在嘴里腐烂，它们的牙齿也会受损并掉落。无牙的鲨鱼最终难逃饿死的下场。通过这种方式，鲨鱼和领航鱼形成了一种互利关系，双方都得到了生存所需：领航鱼得到了食物，鲨鱼得到了清洁的口腔。

掌握了委派的艺术并在组织内部运用后，走向全面优化的下一步就是把相关业务"外包"给其他企业。像鲨鱼和领航鱼一样，你得开始利用联合经营。

联合经营是借助外部力量的精髓，让你可以利用其他公司已有的资本、信誉和关系。联合经营的效果非常好，任何初始投资，无论金钱还是精力，其回报率都是惊人的。

很多来自中小企业的客户告诉我，他们只能单打独斗，因为他们信奉旧的企业经营理念，或认为自己没有能力拓展业务。这些理由都是无稽之谈！我就可以用自己的资源帮助他们，比如提供分销渠道、有创意的营销高管和顾问式销售培训师。

无论他们的企业在哪方面存在不足，我都会引入外部力量填补这一空白，使其获得令人震惊的业绩。如果客户缺乏资本，也有办法，比如提供非现金类交易方式或延期付款，或提供股东权益或股票。我的观点是，没有必要因为缺乏资金就放弃联合经营，因为联合经营正是帮助你摆脱资金匮乏的好方法。

不花一分钱，价值 50 万美元的录音带到手

我自己的创业经历，恰好验证了这一观点。

在我 20 岁时，所有人都还在用八声道的盒式录音带听音乐。我听说一家音像公司的分销做得不好，导致大量录音带积压，堆在仓库里等着发霉。在没有任何资金的情况下，我约见了音像公司老板，说服他们把价值 50 万美元的录音带给我。

除了把录音带卖出去之后与其分享利润的承诺之外，我一分钱的预付款都没给他们。

我把磁带运到西部地区，那里有一定的音像品需求。一番交涉后，我与当地一家连锁店建立了合作意向。这家连锁店允许我在大约100家分店里销售录音带。接下来一段时间里，我一天能赚1 000美元，那家音像公司也收回了成本，获得了利润。再次重申一遍：预先没有任何投资。我只需要认清联合经营企业的需求，并满足这个需求就可以了。

听起来很有趣？当增长遇到瓶颈环节，联合经营确实是最快捷、最安全、最灵活的策略。而且，这种经营完全是互惠的，没有人蒙受损失。试想，如果你告诉一家公司，你能帮助他们解决问题或创造更多机会，不需要任何额外成本，双方都会成倍地获利……谁会拒绝呢？

Finding the Right Endorsers

第12章

背书关系

请别人“转让”他的客户

索尼推出了一系列不同价位的平板显示器，你的显示器虽然缺少一些性能，但比索尼最便宜的型号还要便宜得多。通过背书，你就可以共享索尼巨大的广告资源？

金融家杰·古尔德给朋友推荐密苏里太平洋铁路公司的股票，并嘱咐他保密，结果朋友还是把这个消息透露了出去。后来股票大跌，杰·古尔德开了一张支票给朋友。与其说是赔偿他的损失，不如说是感谢他的“泄密”行为，为什么？

背书是在合乎情理地挖掘彼此的资源。它不仅是一种让背书人强化与客户关系、毫不费力地开创新收入方式的方法，还是一个了解市场的宝贵机会。

想想看：无论你属于哪个专业领域、哪个细分市场，无论你提供的产品或服务是什么，经商的本质都是挖掘潜在客户，把潜在客户变成现有客户。这是每个经营者的工作。多年来，中小企业在市场营销和广告方面花费了不计其数的资金，就是为了挖掘潜在客户，把他们变成现有客户，并提高客户的忠诚度。但是，发展客户的成本实在太高了。

设想一下，如果你可以节省吸引新客户的部分或全部时间、精力和开销，如果让别人或别的机构替你完成这项工作呢？如果他们比你更快捷、更便宜、更高效呢？你肯定会采取这种方式，对吗？继续读下去，因为我马上就要告诉你如何做到这一点。

你可以寻找已经花费了数百万美元在市场上树立积极形象的企业。他们有一群忠诚客户，只要你肯张口，这些客户也可以变成你的。你可以在不违反商业伦理的情况下获得这些客户。你并没有狡猾地窃取别家企业的客户，而是请它积极地配合你，为你提供背书服务。这样，你就不会感到不道德。

营销也可以背书？

背书的常规解释是，在票据或单证的背面签名，表示该票据或单证的权利，由背书者转让给被背书者。我所说的背书，简单点说，就是A公司允许B公司向自己的客户传递销售信息。通过提供背书，A公司甚至鼓励自己的客户购买B公司的产品。

你可能没有留意过，其实你每天都能看到不少背书的事例。随信用卡账单一起寄来的还有什么？产品或服务的广告；看看足球赛门票的背面，上面通常印着体育用品、啤酒、薯片或者其他球迷偏爱产品的广告；你在速食店点了一个汉堡后，店员会向你推荐一款搭配其口味的苏打水。

很快，你就会惊讶于背书为你带来的客户数量和销售业绩。我个人的经历就能证实这一点，因为我使用过上百次背书，见证过它的神奇效果，而且我还见证过几千次背书为我的客户带来同样的效果。

建立牢靠的背书关系，需要做以下5件事：

- 把市场上已经与你的潜在客户建立了良好关系的公司名称记下来，列在清单上。这类公司的产品或服务与你公司的产品或服务具有很强的相关度，但并不构成竞争关系，因此可以共享有相同需求和兴趣的客户。例如，地产中介可以与提供装修服务的公司搭档，股票经纪人可以给理财规划师背书。
- 联系名单上所有企业，问他们是否愿意把你介绍给他们的客户。像对潜在客户一样，详细地介绍你的产品或服务，并提供品质保证书。同时，强调你们的业务没有竞争关系。

- 让潜在背书人明白你不需要他们做任何事，也不会花他们一分钱。你会提供所有的宣传用品，并且呈交给他们过目。你不会损害他们的利益，你的产品或服务的品质有保障，与你合作并不会影响他们在客户心中的形象。
- 把背书变得有利可图。承诺把因背书产生的利润出让一部分给背书人，或者提议把他们介绍给你的客户。
- 你的提议一开始可能遭到质疑，因为这样的提议并不多见。但是，这种联合经营方式能增加你们双方的收益，没有人蒙受损失。务必让背书人明白这一点。事实上，他们可能对这种提议非常陌生，因为在当今社会，很多生意人怯于合作。他们以前可能从来没有接触过这类合作，要耐心地介绍自己，说明合作计划以及合作带来的潜在巨额利润。

背书人并不是你唯一需要证明优势的对象，你还需要向背书人的客户证明这一点。他们与上述公司已经建立起稳定的关系，倾向于信任该公司的推荐。但是背书人鼓励客户采取的是全新的行动，任何情况下，客户听从这项建议的可能性都不高。为了赢得新潜在客户的信任，可以延长保修期或者赠送附件。你和背书人会实现双赢，因为你轻易克服了客户首次购买时的抵制情绪。另一方面，背书人也会通过为客户提供 VIP 待遇而获得客户的好感。

为潜在客户提供何种奖励，并没有一定之规。诚如我上文中提过的，在与背书人双方分配收益前，先支付营销成本。这类投资通常是值得的，因为这类营销成本甚微，与它所能产生的回报相比更是如此。双方也可以分摊营销成本、平分销售收益。如果你初始资本不多，这是一个不错的选择。

分割利益的方式也多种多样，关键在于你希望借助这段合作关系达到什么目的。如果你希望与背书过程中发展的客户反复合作，可以事先分配一定利润。先将预估利益提供给背书人，之后只提供很少或者不提供任何好处。

背书人能从合作中获得非常多的好处，或许比你更多，这一点可能是你想象不到的。把这一事实作为谈判中的筹码。背书是在合乎情理地挖掘彼此的资源。它不仅是一种让背书人强化与客户关系、毫不费力地开创新收入方式的方法，还是一个了解市场的宝贵机会。在与你一起推广的过程中，背书人可以进行市场调研，确定他们对客户具有多大的影响力。

如果他们发现这个战略非常有效，就可以与其他公司建立类似的合作关系。毕竟，同时与多家公司合作，花费的时间和资源要少得多。万一市场反响不好，它也没什么损失，因为资助这个项目并且付出努力的是你的公司。此外，他们有你的书面保证，承诺为他们的客户提供优质产品或服务。如果没有做到，他们也可及时抽身。所以，背书人一方几乎没有任何风险。

你的风险可能略高，但与其他营销方法相比，这种方法花费较少，将潜在客户转变成现有客户的可能性非常高，因为你已经得到了客户信任的人的推荐。背书人与客户合作多年，在广告宣传上花费了上百万美元，给客户提供了多年的优质服务，这些优势你都能共享。背书人的这些投资，换来的是你的销售利润，这也是市场上通常给背书人提供高额前端收入的原因。利用背书人之前的投资是一个宝贵的机会，即使你将高额前端收入转让出去，仍然有希望获得后续的高额销售利润。

从事特定职业的人或许不能提供有偿背书，但仍然可以利用交叉背书的方式互惠互利。我曾给一家提供遗产规划服务的公司当顾问。在寻找需要遗产规划服务的客户群时，我们想到了专治白内障的眼科医生。我们猜对了：他们面对的正是老年客户。于是我为双方建立了交叉背书合作关系，双方都因此获得了高额收益。

这一切看起来对背书人百利而无一害。背书人什么也不用做，自有人带着大量现金从天而降。换作是你，也会乐不可支，对吗？一旦你开始建立这种合作关系，并因他人的背书而受益后，就可以着手搜寻哪些希望你为他们背书的公司。说服他们把你列入提议中应该不难，毕竟，你自己已经见识过背书的惊人潜力，你已经知道背书有效，你获得的利润也证明了这点。

与竞争对手建立背书关系?

熟悉背书流程后，你也可以与竞争对手建立背书关系。我知道这听起来很疯狂，但先听我说。确实存在为竞争对手背书并从中获利的实例。

假设你是廉价平板电视制造商。索尼推出了一系列不同价位的平板显示器，你的显示器虽然缺少一些性能，但是比索尼最便宜的型号还要便宜得多。索尼拥有巨大的广告资源，每 1 000 个被吸引的潜在客户就有 10 个购买索尼的产品。由于吸引到的潜在客户数量足够多，他们可以负担得起那 990 个未购买者的损失。当然，这 990 个人还是会被平板电视吸引到商店里，他们最终只是不掏钱而已。

你应该约见索尼平板电视的经销商，坦率地告诉他们："我作了一些研究，你们在无法转变成客户的 990 人身上花了 1 万美元的广告费用。如果我告诉你一个方法，不仅能把损失的 1 万美元弥补回来，还能多赚 1 万美元，你愿不愿意跟我合作？”如果他们感兴趣，你可以建议他们在客户提出索尼平板显示器太贵时，推荐你的平板显示器。如果他们不愿意采取这么激进的方式，也可以请他们提供一份不打算购买索尼平板电视的客户名单。他们能从中获得什么好处呢？享受你的销售提成。

在汽车行业，这种策略也效果惊人。只是很多汽车经销商都不愿意放下架子，这让我颇感遗憾。汽车经销商每月在广告上花费数千美元，通常只有约 5% 的潜在客户到店内购买。在无法达成交易的那 95% 潜在客户中，有 20% ~ 50% 的人确实打算买车，但他们最终会到其他品牌的店里购买。

为什么不告诉他们：“我知道你想要一辆本田而我卖丰田。我不认为你应该选择本田，但我与街尾卖本田的鲍勃关系挺好。我可以以最低价卖一辆本田给你，就在我这里交易，你甚至不需要挪地方。你从我这里买可以省 1 000 美元。”

如果汽车经销商制订了这样的销售策略，想象一下他们的销量！不仅销售自己的汽车，还在无法卖出自己的汽车时，代销其他经销商的汽车。真心想买车的客户不会两手空空地回家，而所有参与其中的人都能大捞一笔。如果汽车行业明白他们可以通过这种方式自力更生，或许就不会再依赖政府援助了。

这个策略也同样适用于提供专业服务的行业。利用背书策略，我帮一位律师在一年内创造了 300 万美元的收入。他拜访当地一家银行，并说服他们给自己的客户建信托基金，银行也可以把保险产品和其他金融工具出售给这些客户。当然了，客户也可以从这类投资中获益。

这家银行很乐意为这位律师背书，他们甚至开始为律师提供资助，组织潜在客户召开研讨会介绍信托基金业务。每场研讨会都有好几百人参加，银行因此开展了不少信托基金业务，这位律师也因为与银行的背书关系，发展了 4 000 个客户。

金融家真正的捕猎对象是谁?

金融家杰·古尔德（Jay Gould）身上发生过这样一则故事。他的一个朋友想用 3 万美元作投资，问他有什么好的投资建议。古尔德告诉他：“嗯，这话我只告诉你一个人，你可以买密苏里太平洋铁路公司的股票。”

没过多久，密苏里太平洋铁路公司的股票确实涨了，但是没能保持增长势头，最终暴跌。这位朋友持有的时间过长，亏得所剩无几。他把事情经过告诉古尔德，古尔德立即写了一张支票，弥补他的损失。这位朋友后来承认，尽管古尔德要求他保密，他还是把这个消息透露给了不少人。

“哦，我料到了，”古尔德微笑着说，“他们才是我要捕猎的对象。”

背书使你跳过了与客户发展信任所需的步骤，这些步骤通常需要好多年的时间，耗费成千上万美元。在无人推荐的情况下，想到外部市场争取客户的成本很高，而背书的费用不高，却可以产生有效的结果。这类投资的回报率很丰厚，远比在外部市场投放海量广告的效果好得多，而且放手一试的风险比不作尝试的风险小得多。当背书人的客户蜂拥而至时，你也会一再从这次合作中获利。

Joint Venturing In Today's Economy

第 13 章

联合经营

“外部资源”的杠杆作用有多大？

下午 3：00 后无人使用的电话销售办公室，阿比盖尔如何让它焕发商机？

布莱恩请广播电台、电视台和杂志免费宣传他的产品。作为回报，他把首次销售的全部利润都给对方。他还有得赚吗？

联合经营可以使你突破任何生产瓶颈、资源上的匮乏、固有的行业限制，超越自己的企业，并控制别人的分销系统、别人的产品以及别人的资产，利用它们创造收益。

还记得前面提过的木材公司合伙人乔治·卡尔普吗？他把业务发展成了一门艺术。在把原木加工成木板的过程中，任何一个小小的失误都可能把A级木料变成废木板，这样不仅浪费原料，每周还会浪费好几万美元的操作费用。

当然，乔治很善于经营。他研制出最好的干燥法用于处理木材，并深得客户信任。在自己的领域，他很优秀。问题是，受木材行业性质所限，他无法实现业绩的无限增长。即便乔治愿意免费把产品送给3 000英里以外的人，木材的运输成本也实在太高，让人望而却步。他的分销活动被限制在500英里半径范围内，也就是说，这就是他全部的客户资源。

这是否意味着，乔治只能在目前的业务范围内展开经营活动？尽管他在生产的各个环节都表现优异，却不得不接受业务停滞不前的现实？我不会允许这种事情发生。

乔治来找我的时候，我教他使用一种特殊的联合经营方式：授权。除了继续开办我在第5章里提到的培训班以外，他可以授权500英里外的木材厂使用他研发的干燥法。他尽可能在世界各地搜寻同类木材厂。仅仅通过授权，他一年就能赚 200 万美元，而且一点都不影响他自己利用干燥法赚钱。

联合经营可以使你突破任何生产瓶颈、资源上的匮乏、固有的行业限制，不断创造业绩增长和天文数字般的利润。它让你超越自己的企业，并控制别人的分销系统、别人的产品以及别人的资产，利用它们创造收益。你成了解决其他企业难题的关键，参与其中的人很快都可以见证业绩增长。

在我的帮助下，乔治通过授权填补了自己公司和同业间的空白，你也可以做得到，你还可以利用联合经营把两个毫不相关的企业联系起来。给你举个例子，你就明白我的意思了。

精彩案例 ABRAHAM

某时段无人使用的电话销售办公室蕴含的无限商机

我有一位客户叫阿比盖尔，她注意到某些公司的成交率与该公司的电话销售办公室面积有直接联系。她还注意到，从事 B2B(企业对企业营销)业务的公司只在工作时间使用电话销售办公室，而从事 B2C（直接销售给消费者）业务的公司，使用电话销售办公室的时间则是下午 3：00 到晚上 9：00。

阿比盖尔经过一番调研，把下午 3：00 后无业务的 B2B 公司列了出来。这些企业的经营者花几百万美元建造这些电话销售办公室，并从中赚取了巨额回报，但是受到营业时间的限制，下午 3：00 后这项投资无法产生任何收益。

然后，阿比盖尔搜寻那些想自己创业或想扩大现有业务量的销售人员，把这些办公室下午 3：00 后的使用权租给他们，不收现金，代之以销售提成。她只需要把有空房间的公司与需要这些房间的人联系起来就可以了，三方都获利无数。做这件事，她不用花一分钱。

联合经营可以让你利用其他企业和个人的能力、资源，以及他们的惊人潜力。你不可能成为每个领域的佼佼者，也不可能单凭自己的力量获得无限的资源，但如果你把别人也拉进来，你的投资将不再受到限制，你获得的回报也不会受限制。

如果你对这些无限可能性感兴趣（坦白说，如果你对它们不感兴趣，我也帮不了你了），请阅读我的 10 条联合经营秘诀，它们可以填补你能力上的空白，给你的企业带来革命性的变化。

秘诀 1　开辟新分销渠道

有些行业受其特性所限，只能按照线性方式经营，也就是说，他们只能专注于单一的营销领域，或者少数几个营销领域。虽然盈利有保证，但存在增长上限。在如今的经济环境下，这样的限制会把"尚能维持"转变成"关门歇业"。

联合经营可以让你突破这些限制。授权、背书以及战略联盟可以帮你开辟新的分销渠道和新的市场，如果你发现你的公司无力应付新的潜在客户和现有客户，就可以跟客服能力强大但销售业绩不佳的公司合作。

当你停下来问自己"我该如何解决这个问题"以及"谁能填补这一空白"的时候，只需要一点点创意就能解决任何难题。这时，你会发现商机无限。

把首次销售的全部利润都给广告宣传者？

我有一位名叫布莱恩的客户，他创立了著名的消肿止痛贴品牌Icy-Hot。创业之初，尽管布莱恩很努力，一年也只能赚2万美元。他知道他的产品很棒，能减轻伤者或关节炎患者的痛苦，但他无法让潜在客户知道这一点，因为他没有钱做广告。

布莱恩通过与广播电台、电视台和杂志社联合经营来解决他的问题。他要求广播电台、电视台和杂志免费宣传他的产品。作为回报，他把首次销售的全部利润都给对方。听起来很疯狂吧？好吧，如果你只考虑到首次销售，这个建议确实很疯狂。但是布莱恩和我研究过了，初次购买的每两个人中就有一个会成为每两个月就购买一次Icy-Hot的长期客户。客户的终身价值，远远高于第一次的销售利润，而联合经营是确保终身合作关系的关键。

秘诀2　联手打包销售

另一种联合经营的方式是与一家企业联手，打包销售你们的产品或服务。采用这种购买方式，比分别购买两种产品要划算。看了下面的案例你就明白了。

精彩案例
ABRAHAM

当瑜伽馆与商店联手……

安妮经营着一家瑜伽馆，她与附近的商店结成了合作关系。

她把瑜伽馆的会员卡提供给店主，客户在店里买了东西就能免费获得会员卡。通常，这类免费的会员卡只提供一节免费课程，但安妮却提供价值 500 美元、长达 6 个月的免费课程。

会员卡的价值相当高，因此商店兴奋不已。他们可以对客户说：“只要在我的商店消费 200 美元，我就给你一张价值 500 美元的瑜伽会员卡。”他们的销量因此有了长足增长，巩固了与客户的关系。

那么，安妮能得到什么好处呢？她知道，参加免费课程的人会有 1/4 成为正式会员，为此他们需要掏 2 000 美元的会员费。商店乐于为客户提供额外价值，安妮乐于从联合经营中获得惊人的后端价值。而客户也乐于花更少的钱享受更多瑜伽课程。

秘诀 3　在新兴市场中联合经营

在如今的经济环境下，以开拓者的身份进入新兴市场可能会有利可图，因此所有人都想尽办法进入新兴领域。如何以最小的风险把握这个机会呢？你可以在新兴市场中寻找已经存在但发展不够理想的商家。如果你开发了一款软件，可以非常方便地用于预约温泉浴场服务，但你对水疗一窍不通，此时并不一定要把你的软件推荐给数一数二的温泉浴场。试试与美容产品公司或水疗设备公司合作，你立即就可以超越所有想进入该市场的人。

我自己也在做同样的事情。利用联合经营，我把我的品牌输入亚洲、澳大利亚、欧洲、加拿大，几乎不需要什么基础设施和前期现金投入，也完全不需要支付日常开销和人力资源费用，因为我把这些事情交给了其他承办人。我们都从中获益。

秘诀 4 分摊前期成本

当你通过背书的方式取得你的竞争对手没有的市场优势后，会发生 3 件事情：你的销售周期缩短了；成本降低了；客户回头率提高了。不仅销量增加，而且销售得更快，成本更低，即便你把部分利润让给合作伙伴，你所获得的回报仍然更高。这就是客户的终身价值非常重要的原因所在。即便你预先给合作伙伴支付了丰厚的预付款，随后的销售还会补偿这部分损失，而且会让你赚得钵满盆满。

秘诀 5 实现友好收购

任何时候，我的公司都至少在 3 大洲控制着 50 种不同的产品和服务，但我只有 8 个员工。我们是如何做到的呢？如此广大的业务范围，照理需要数千万美元、庞大的员工团队、一个专家小组才能完成，但那是我们试图完全依靠自己时才会出现的情况。大多数情况下，我们利用联合经营。

我们寻找那些了解联合经营优势的伙伴，一起工作，分享业绩。当潜在合作伙伴拒绝时，我们总是要问一问："为什么？"他们的答案有时超乎我的预料。于是，下一次向别人提出合作建议时，我们就能先发制人地打消对方的顾虑，保证实现与下一位潜在伙伴的合作。

还有一种方法是通过联合经营的形式实现友好收购。如果你的竞争对手不强，你不必守株待兔地等着他们关门大吉，然后接管他们的客户；相反，你可以向他表明被你收购后对他有何益处：不用再为日常开支和办公室租金发愁，还能持续收到你收益的一部分。你们双方都获得了好处，但只有当你产生同理心的时候，才能看清这一点。

秘诀 6　降低风险

扩张总是涉及风险。比如你想再增加一间办公室，听起来不错，你已作好创造更多利润的准备了。但是，你将不得不租赁、装修办公室并置办新办公设备。如果你不缺资金，问题也不大，但如果你的资本不那么雄厚，冒这样的风险可能让人非常忐忑。

如果你找到一家濒临破产的公司呢？或者，虽然某家公司有一定的业务量，但他们没有最大限度地利用机会和关系。可以试着与他们联合经营，为他们提供一个能提高业绩且灵活多变的合作机会。至于你，在满足对方的需求之后也得以共享对方的资源。

秘诀 7　获取新知识

一位优秀的营销顾问，能为企业带来翻天覆地的变化。需要说明的是，最需要顾问的经营者往往无力聘请顾问，或至少无力聘请一位优秀的顾问。联合经营可以使你获得你所期待的专业级咨询服务。通过与营销顾问联合经营，你可以以 3 种不同的方式回报他们的服务：

- 出让经营收益的一部分。
- 出让公司的一部分利息收益。
- 将某类客户的销售业绩分给他们。

另一种方法是把著名专家召集起来，建立一个咨询委员会，与他们建立合作关系，让他们背负所有责任。他们会在背后支持你，使你立刻获得领先地位和竞争优势。这样做带来的结果会让你又惊又喜。

秘诀 8　增加产品种类

在我的职业生涯中，我曾与 5 家不同的按摩治疗类机构合作过，其中包括 3 本专业杂志、一位按摩技师、一家处于行业领先地位的按摩中心。当我向这个行业中的新客户作自我介绍时，我就可以有 5 个不同的切入点来证明我的信誉了。新客户可以立刻了解我的相对价值，因为我借用了那 5 位合作伙伴在业内的地位。我不但有自己的行业优势，还得到了其他 5 个机构的支持。

把同样的概念运用到产品线上也很容易。假设你的公司只出售一两样产品，但你找到了销售相关类或互补类产品的公司。在彼此分享利润的前提下帮助他们销售，会出现什么样的结果呢？

如果这些公司的产品种类数量也很有限，那你们彼此需要的程度一样。你的客户赚了，因为他们可以通过打包销售买到更有价值的产品；你和你的合作伙伴也赚了，因为你们创下的销售额会比独立销售时更多。

秘诀 9　寻求营销或销售资源

也许你有很好的产品或服务，但没有营销和销售经验；或者你有一身的推销本领，却苦于没有拿得出手的产品或服务。你知道该怎么做了吧：联合经营。

我曾与贝弗利山庄的一位整形医生合作过，他很清楚他所在的行业竞争非常激烈。贝弗利山庄的其他整形医生都在疯狂地做广告，他也尽了最大努力使自己不至于落后，但我建议他不要亦步亦趋地效仿别人。

经过一番调研和思考，他决定写一本关于整容的书，并聘用了一名女销售员，专门负责联系当地高端的美发沙龙和水疗中心，说服他们在休息室中陈列这本书。

接下来的一段时间里，每周都有至少 5 000 人坐在发廊或者水疗中心的沙发上，阅读他写的这本书。这使他迅速确立了在业界的优势地位。自然，蜂拥而至的新客户也让他应接不暇。

秘诀 10　发挥核心业务优势

我的客户经常问我：“亚伯拉罕先生，您的管理策略是什么？”我会告诉他们：“与管理相比，联合经营更有效。”**当你利用合作资源时，你最需要做的是着眼全局、制订战略和决策、作长远规划，并处理好与合作者的关系。**

想一想别人已投入的时间、金钱、精力，和已经建立的人脉关系及信誉度吧，它能让你无需投入时间和资金，就将你们各自的优势发挥到最大。但是，前提是你能准确评估双方已有资源、价值、驾驭能力，以及如何让你的潜在合作伙伴了解联合经营的巨大潜力。

通过联合经营使双方获得同等收益的情况十分罕见，总有一方会享受更多好处。如果你想成为这一方，就必须先想方设法提高对方的收益，同时提高沟通技巧。“将欲取之必先予之”的道理，我一说你就会明白。

在当今经济环境下，以创造性的方式借助他人力量的机会俯拾皆是。如果你具备远见卓识，看得到那些隐藏的金矿，并具备必要的移情能力，能让他人明确意识到联合经营的潜力，你就完全有可能获得巨大的成功。但是，你没有必要单枪匹马闯天下，没有必要把自己折磨得筋疲力尽，却只换来一个“勉强维持经营”的结果。联合经营的美妙之处，在于它让每个参与者的生活更轻松。你将获得超越你想象的成功，你将体会到团队合作获得成功的喜悦。

后 记

做一个像我一样的营销顾问吧

我这份工作最吸引人之处在于，对于我所接触的任何企业，我都会反复琢磨并找出帮助他们提高业绩的最佳途径。我敢打赌，你肯定也觉得这份工作能带来巨大的成就感。好好考虑一下吧，自主创业之后，你是不是对别的企业也有了全新的认识？你是不是也开始思考别的管理模式的优劣之处？

假设你坐飞机去某地拜访客户，我们先估算一下你在路上可能碰到什么样的经营者。首先，如果不想开车去机场，那你肯定需要一辆出租车。如果你手头刚好有出租车公司的客服电话，在打电话预约时你会遇到什么情况？要等多长时间才有人接听电话？他们会怎样问候你？与你交谈时，客服人员是否热情？一言以蔽之，你觉得这家出租车公司把你当成顾客还是客户？也就是说，他们尊重你、愿意为你提供全程保护、意图将你发展成长期客户，还是只想做完这笔生意了事，迫不及待地挂电话，等着接听下一个电话？当你预约的那辆车来接你时，车的外观是否清洁？司机的举止如何，是否穿着整洁的制服？

你肯定听说过那个家喻户晓的经典故事：3 个男人在烈日下挖沟，

一位路人经过那里，问他们在做什么。第一个人说：“我在赚钱，12美元1小时。”第二个人回答：“我在打地基。”第三个人自豪地回应道：“我在建教堂。”这位司机的态度属于其中哪一种？积极热情、不冷不热，还是消极应付？你是不是觉得自己可以给这家出租车公司提点建议，帮助他们提高服务质量？如果你跟我一样，你肯定会这么想！

现在你到了机场，办完托运、安检等一系列繁琐的手续之后，离飞机起飞还有1个小时。你还有时间逛逛机场里的商铺。当你走进这些店铺时，它们的商品是如何陈列的？靠近过道的商品是否让旅客一看之下就有购买的冲动？商店里待售商品的摆放是否吸人眼球？店铺里面的照明如何？是否有导购上前问候你，还是任你自行游逛？柜台后面的店员将自己看成导购员，还是收银员？

当你购买商品时，店员的态度如何？是非常自然地为你带来短暂的亲近感，为这家店铺做出完美的代言，还是心不在焉、爱理不理，一点儿也不考虑如何增加销量、建立口碑、希望你下次坐飞机时能再光顾？

你该登机了。我们可以用整个章节来描述现代航空业存在的弊病。他们好像致力于用越来越多的时间和精力把客户吓跑，而不是让客户觉得受到欢迎、照顾和尊重。航空业跟某些行业一样，为了省钱抛弃了生存的根本，即创造完美的、至少可忍受的飞行体验。

我心怀恭敬地问你们这些问题，原因很重要。在这本书中，你已经了解了很多增加收益、提高服务质量的方法，你也将体会到事业发展带来的纯粹喜悦。只有给客户带来舒适的体验，他们才可能购买更多、向朋友推荐，从而为你带来梦寐以求的成功。

但是，我在这本书中分享的技巧、方法和途径，对于你继续前进的价值更大。你现在已经知道如何像我一样工作了，知道如何评估包括你的企业在内的任何企业，能够制订新颖而激动人心的盈利策略。你正在成功的道路上稳步向前，或者能帮助病入膏肓的企业恢复健康。

如果你既能运用这些技能帮助自己和他人的企业，又能实实在在地赚到钱，何乐而不为呢？

我们知道，从本质上说，每个人都有评估的能力，对于我们日常接触的经营活动更是如此。我们可能不懂如何驾驶飞机，但我们肯定知道自己是否获得了满意的服务，或恰恰相反。就像从航空业感受到的，你获得的服务非常差或根本没有获得服务；我们可能不善于为机场的旅客挑选高尔夫套装，但我们肯定知道自己喜欢什么风格。

我想你已经明白我的意思。你可以将我们讨论过的理念运用到任何行业，而不必先成为这个领域的专家。不论企业大小，不论他们提供产品、服务还是两者兼具，你都能针对他们的业务水平给出建议，包括初次浏览网站的体验、商品或服务的送达质量以及如何赢得回头客。你知道如何评估自己是否得到了高水平的服务，而不一定非要去哈佛商学院进修。现在你可以更进一步，将这本书中的理念、思路、方法和建议运用到你能接触的所有行业，并且在此过程中收取合理的费用。换句话说，你也能成为另一个杰·亚伯拉罕！

怎样才能真正做到这一点呢？要对自己充满信心，相信自己与他人分享的能力，相信你对某个企业的瑕疵、不足和缺陷有明确的认识，然后向这个企业的经营者指明如何改进相关领域的工作。

你不仅可以应用这本书中的理念制订规划，以指导自己的商业实践，还可以为其他公司提供咨询，制订相似的规划，承担起指引他们的责任。我知道对于你们当中的很多人来说，这听起来有些不切实际，但我深深地希望这些观点能在你们心中激起共鸣，希望你们也能享受跟我一样充实、愉快的顾问生涯。作为顾问，我们都经历过事业初创期的忐忑。我们不知道自己是否能为别的企业提供有价值的建议，毫无疑问，这些企业也曾严重质疑我们为他们创造价值的能力！但我和一些同事很快发现，大多数经营者缺乏对自己业务的客观认识。客观地认识自己的确并非易事，因为我们过于关注经营的成败。坦率地说，如果一个具备资质的局外人能认真地评估企业的经营体系，提供有助于企业更上一层楼的建议，企业岂有不从中受益的道理？

再重申一遍，**你在这本书中学到的不仅仅是提高自己公司业绩的方法，你还知道了如何提高其他公司的业绩**。我希望当你意识到这一点时，你会因此而感到兴奋不已。你可能也会通过给其他企业提供咨询服务，赚到比自己开公司多得多的钱！或许你可以把咨询当成有利可图、颇具吸引力的副业。我的最后一个任务，就是邀请你再次审视这些新技能、新知识，并以新方式评估我们在书中讨论过的工具。

其实，不需要任何培训，你也知道送你去机场的那家出租车公司有没有为你提供良好的客户服务；不需要上任何人的课，你也知道在机场商店里的购物经历是否愉快；当今的乘客也不需要两位数的智商，就能知道自己在飞行过程中是否获得了上佳的客户体验，或者自己是否成了航空公司控制成本的受害者：他们曾经非常重视客户服务，现在却不肯在上面多花费时间、精力和热忱。换言之，作为一名客户，你很清楚如何给交易过程评分，无论是在零售商店、超市、医院还是网上。这本书的目标在于帮助你改善自己的经营策略，但现在我要向你揭示一个更加隐秘的愿望：让你用我的方法，为其他企业提供咨询服务。

你可能会说："亚伯拉罕先生，我很乐意那样做！但我该如何入手呢？我没有任何咨询经验，谁会付钱向我咨询呢？"

这个问题问得好。我也相信，当你问出这个问题时，杰·亚伯拉罕式的答案已经在你脑海中成形了。你知道我有多么推崇联合经营，我建议你把咨询视为你与新客户之间的联合经营方式，换句话说，你可以采用事后收费的方式为第一个客户提供咨询服务。告诉他们你刚开始这项业务，前期不需要任何费用，待他们取得成果后与你分享利润即可。这样，你的第一个客户就成了一块试验田。

考虑到几乎每家企业都有很多值得改进的地方（礼貌一点的说法就是，几乎没有哪家企业做到尽善尽美），因此只要正确应用你的点子，绝对能够为经营者的总收益、销量、销售额、销售频率以及任何你们关心的指标带来巨大的、可衡量的、令人欣喜的甚至是指数级的增长。换句话说，“大多数企业并不完美”这一简单事实为你提供了机会，让你可以帮助经营者完善现有经营模式，为他们的团队和客户创造更多价值。再简单一点来说，只要你真心实意地提供指导，并以我们在本书中讨论过的概念为基础，你就不可能失败。

我希望你把这本书视为一本咨询手册，一本为你开创新的职业生涯、指导其他企业获得巨大成就的指南。这样一来，你就建立了多个收入来源。当你提供过服务的企业收入增加时，就会把一定比例的增长收益分给你。在你鼓起勇气帮助了第一批客户后，用不了多久，他们就会定期把钱汇到你的账上。那时，你可能会忍不住问自己，为什么没有早点进入这个行业！

答案很简单：你是一家企业的经营者，这样的经历为你提供了知识基础和可信度，之后你才能胜任咨询工作。实战经验非常难得，没有它就等于没有了底气。另外，你的行业背景也是其他经营者在向你求助之前就必须确认的。换言之，你的行业经历，无论是一夜暴富的成功经验还是失败后总结出来的教训，都是来之不易的宝贵财富，是你顾问生涯的基石。再加上消费者的视角告诉你怎样才算是愉快的客户体验，以及这本书传授给你的顾问心得，三者结合后，你将拥有不可阻挡的力量。所以，我希望这本书达成了两个重要目标：

> 第一，给你提供必需的指导，让你的经营更加有效、更加以服务为导向、更多地为客户考虑。
>
> 第二，让你和你的员工、合作伙伴赚到更多钱，心情更加愉快。

我强烈希望你能利用我在书中分享的信息开创自己的咨询业务，把你的知识和经验分享给其他经营者。他们会感激你做的一切，在获得你为他们挖掘出来的丰厚利润后，也会慷慨地补偿你。现在问题来了：如果你激发了一位潜在客户的咨询需求，但他的问题却是你无力提供指导或无法解决的，这时怎么办？

换言之，你钓上来一条大鱼，但你需要一些帮助才能把鱼弄上船，这时怎么办？

这时候就该打电话给亚伯拉罕集团！如果你吸引了一位超过你现有咨询水平的客户，我愿意与你合作。我们一起为这位经营者提供他需要的咨询和指导。毫无疑问，对于你的引荐，我会予以慷慨答谢。遇到大客户时，我们可以一起提供服务；或者你可以选择什么都不做，直接把他们交给我，换取 25% 的收益。随着咨询事业的发展，你终将拥有可以向客户展示的成果，那时你就可以收取预付费用了。但是，即使你成为正式顾问，偶尔也会有客户需求超越你能力范围的时候。在你感觉支持不住或者快要支持不住的时候，我非常乐意为你提供服务。你可以选择与我分享这个客户，也可以选择收取一笔丰厚的“引荐佣金”。现在，我们的课程得告一段落了。如果你访问 www.

abraham.com，你会发现我们有不计其数的方法，可以让你的企业更灵活、反应更迅速、更赚钱，让你的经营方式更加愉快。我希望你郑重考虑我在本章发出的邀请：首先，开创属于自己的咨询公司；其次，在咨询能力不足时，寻求亚伯拉罕集团的支援。

如今的新闻媒体对于这个世界未来的金融状况总是存在两种极端的观点。从正面看，统计数据表明，大萧条以来的低迷期已经结束，经济开始复苏。这种乐观情绪反映在股市上涨中，也反映在房地产、银行以及汽车等行业的反弹中。与此同时，我们耳边一直响着唱衰者的警告，他们认为当前的经济复苏不过是幻影，房价、股价以及其他投资项目都将不可避免地出现“二次探底”，个人债务危机与政府债务危机随时会毁坏经济复苏的假象。

到底哪种说法才正确？

我不敢贸然建议你该购置房产还是卖掉你的现有住房，该买入哪支股票还是抛售所有基金，把现金藏在你的床垫下。这种预测还是留给那些所谓的“专家”吧。展望未来，唯一能确定的是：无论经济大环境如何变化，最强的企业终将幸存下来并继续繁荣，竞争能力差的企业将退出历史舞台。使你的企业成为胜利者的力量，就掌握在你自己手里。你拥有改变命运的能力，只要你愿意花时间审视，或者换个更恰当的说法，愿意花时间利用我在本书中分享的观点，去重组你的企业。如果你依言而行，我相信不管外部环境怎样，你都一定会成功。所谓成功的企业，正是以策略化的方式成长和发展的佼佼者。

此外，越来越多的企业在破产的边缘挣扎，或者虽然达到了既定目标，但仍然需要寻找新的增长点。市场永远需要像你这样拥有丰富的商业知识和业务经验的咨询顾问，你可以告诉这些经营者如何做得更好。这也是你从事咨询业务的动因。我希望这本书不仅教会你如何让自己的企业取得意料之外的繁荣和成功，也在你脑海中种下这样一个想法：你可以而且应该运用你的知识，帮助其他企业充分发挥他们的潜力。

通过这些做法，你将获得非常丰厚的收益，不仅繁荣了世界经济，而且为经营者、员工、你的客户等利益相关者创造了更加美好的世界。不要理睬那些新闻标题和悲观主义者的说辞，直接把那些话屏蔽掉。好好发展你的企业，并通过帮助其他企业增加你的收入。我期待你的来信，希望得知你运用书里的观点，为自己和他人赢得了空前的成功。

中资海派出品

为精英阅读而努力

操控媒体的黑暗艺术
顶级推手的敛财手段

美国最年轻的营销策划鬼才冒着身败名裂的风险，揭露传媒界的潜规则和阴暗面。

- 第一手的内幕等于流量，但没有独家新闻时怎么办？
- 一个名不见经传的人如何成为总统候选人的热门人选？
- 三星为了讨好博主，邀请他们到西班牙游玩，目的何在？

〔美〕瑞安·霍利迪 著
潘丽君 译

中资海派出品
定 价：38.00元

媒体世界并不是非黑即白，它存在着大量的灰色地带，而顶级的媒体推手们总能从简单的事件里嗅出商机和唾手可得的利益。

瑞安·霍利迪是谁？一般来说，你会得到以下答案。

他策划的案例被谷歌、推特等作为研究题材，他的事迹被《纽约时报》等权威媒体争相报道；他聪明、正直、年轻有为，担任世界热销品牌AA美国服饰（American Apparel）公司的营销总监一职，声名远播。

但我要告诉你的，是一个真实的瑞安·霍利迪。

他深谙网络世界的一切潜规则，他狡猾、疯狂、胆大包天；他有诸多客户，畅销书作家、白金唱片音乐人等，不胜枚举；他总能以不拘一格的行事方式，以及多样、强势的手段为自己和客户带来无穷无尽的利益。

他，瑞安·霍利迪，是世界最顶级的媒体推手！

藏身幕后，借传媒之手，搅动世界！

中资海派出品

为精英阅读而努力

世界顶级谈判大师50年的成功谈判经验，将改变你的人生！

〔美〕赫布·科恩　著
谷　丹　译

中资海派出品
定　价：32.00 元

《谈判无处不在》是一本单刀直入、简单明了的指导书，能帮助你成功地通过谈判达到目的。赫布·科恩相信这个世界就是一个巨大的谈判桌，不管你是否乐意，谈判就存在于你每天的生活中。谈判的对象包括你的伴侣、孩子、朋友、同事、老板、销售员等。是否具备优秀的谈判能力对你的人生影响巨大。

在书中，赫布·科恩用丰富翔实的案例揭示了谈判中的许多关键策略和技巧，帮助你洞察对方的软肋，增加自己的筹码，一步步取得胜利。谈判并不是什么遥不可及的专业科学，每个人都可以主宰谈判并预见结果，可以通过学习和实践来提高谈判的能力。

用你的“否定”换对方的“肯定”用说“不”的谈判赢得皆大欢喜

〔美〕吉姆·坎普　著
任月圆　译

中资海派出品
定　价：28.00 元

许多人认为要达成交易就得向对方的一切要求说“YES”，他们害怕说“不”，也害怕听到“不”。然而，谈判中，对手会不择手段地迫使你作出不必要的妥协，试图笑里藏刀地“打劫”你。

通过学习吉姆·坎普的《谈判从说“不”开始》，你可以勇敢说“不”，规避谈判中所有的风险与陷阱。你会明白“NO”是谈判制胜的语言杀手锏，说“不”不是谈判的终结，而是谈判的开始。

赢在说“不”，从对抗到精诚合作

“ihappy 书友会”会员申请表

姓　名（以身份证为准）：__________；性　别：__________；

年　龄：__________；职　业：__________；

手机号码：__________；E-mail：__________；

邮寄地址：__________；邮政编码：__________；

微信账号：__________（选填）

所购图书封底防伪码（揭开防伪标签，即可看到标签下防伪码）：

____

请在以下 9 本图书中任选一册

您选择的图书名为《××××××》

请严格按上述格式将相关信息发邮件至中资海派“ihappy 书友会”会员服务部。

邮　箱：zzhpHYFW@126.com

微信联系方式：请扫描二维码或查找 zzhpszpublishing 关注“中资海派图书”

中资经典，打造最具价值的管理胜经
一切为了精英阅读而努力

我们在接到您的会员申请表后，会在第一时间发送审核回函，一经审查通过，您将立即成为我司“ihappy 书友会”会员。首次成为会员者，可以免费获得以下图书一册，我们将以平邮的方式邮寄给您，请确保邮寄地址可以收到邮政平信（请勿重复申请，重复加入会员无效）。可选书目有：

《直达买家》定价：32.00 元
（*The New Rules of Marketing and PR*）
戴维·米尔曼·斯科特
（David Meerman Scott）

让别人免费帮你卖产品的
网络营销公关新规则

《同心圆领导力》定价：25.00 元
（*Hesselbein on Leadership*）
弗朗西斯·赫塞尔本（Frances Hesselbein）

成功带领团队走向未来的关键力量
领导者的品格决定了企业的绩效与成败

《组织生存力》定价：29.8 元
（*The Five Most Important Questions You Will Ever Ask About Your Organization*）
彼得·德鲁克（Peter Drucker）等

让成功的组织更成功的 5 大力量

《谁是下一个商界英雄》定价：28.00 元
(*You Can't Predict A Hero*)
约瑟夫·乔·格拉诺（Joseph J. Grano）
危机领导成就卓越领导

《重塑管理》定价：28.00 元
(*Management Rewierd*)
查尔斯·雅各布斯（Charles S. Jacobs）
管的越少，反而一切尽在掌握中

《谈判从说"不"开始》定价：28.00 元
(*No*)
吉姆·坎普 （Jim Camp）
不再盲目妥协！向对手说"不"，占据无限商机

《拿破仑·希尔的首版书》定价：28.00 元
(*Napoleon Hill's First Editions*)
拿破仑·希尔（Napoleon Hill）
失落了近一个世纪的致富经典

《我们合一》定价：29.80 元
(*We*)
鲁迪·科森（Rudy Karsan）等
全心投入的力量远远超过我们的想象

《魔鬼管理学》定价：42.00 元
(*What Got You Here Won't Get You There*)
马歇尔·古德史密斯（Marshall Goldsmith ）等
只要你管一个人，就需要看这本书

轻松反馈信息　免费获赠图书

在您的阅读过程中，中资海派还将竭诚为您提供以下服务：

1. 定时阅读计划　2. 答疑解难　3. 复习通关　4. 权威专家指导

只有您能一眼看出，
这是能使您能力更上新台阶的管理胜经

特别说明

1. 从会员申请通过到收到第一本书刊需用时 7 ～ 20 天。
2. 读者订阅的书刊由深圳寄出，如果您在 20 天内未收到，请及时反馈给我们。

短信查询正版图书及中奖办法

A．电话查询

1．揭开防伪标签获取密码，用手机或座机拨打 4006708315；

2．听到语音提示后，输入标识物上的 18 位密码；

3．语言提示：您所购买的产品是深圳市中资海派文化传播有限公司出品的正版图书。

B．手机短信查询方法（移动收费 0.2 元 / 次，联通收费 0.3 元 / 次）

1．揭开防伪标签，露出标签下 18 位密码，输入标识物上的 18 位密码，确认发送；

2．发送至 13825050315，得到版权信息。

C．互联网查询方法

1．揭开防伪标签，露出标签下 18 位密码；

2．登录 www.801315.com；

3．进入“查询服务”“防伪标查询”；

4．输入 18 位密码，得到版权信息。

中奖者请将 18 位密码以及中奖人姓名、身份证号码、电话、收件人地址和邮编 E-mail 至 szmiss@126.com，或传真至 0755-25970309。

一等奖：168.00 元人民币（现金）；
二等奖：图书一册；
三等奖：本公司图书 6 折优惠邮购资格。
再次谢谢您惠顾本公司产品。本活动解释权归本公司所有。

读者服务信箱

感谢的话

谢谢您购买本书！顺便提醒您如何使用 ihappy 书系：

- 全书先看一遍，对全书的内容留下概念 。
- 再看第二遍，用寻宝的方式，选择您关心的章节仔细地阅读，将“法宝”谨记于心。
- 将书中的方法与您现有的工作、生活作比较，再融合您的经验，理出您最适用的方法。
- 新方法的导入使用要有决心，事先做好计划及准备。
- 经常查阅本书，并与您的生活、工作相结合，自然有机会成为一个“成功者”。

<table>
<tr><td rowspan="8">优惠订购</td><td colspan="2">订阅人</td><td></td><td>部门</td><td></td><td>单位名称</td><td></td></tr>
<tr><td colspan="2">地址</td><td colspan="5"></td></tr>
<tr><td colspan="2">电话</td><td colspan="3"></td><td>传真</td><td></td></tr>
<tr><td colspan="2">电子邮箱</td><td></td><td>公司网址</td><td></td><td>邮编</td><td></td></tr>
<tr><td>订购书目</td><td colspan="6"></td></tr>
<tr><td rowspan="2">付款方式</td><td>邮局汇款</td><td colspan="5">中资海派商务管理（深圳）有限公司
中国深圳银湖路中国脑库 A 栋四楼　邮编：518029</td></tr>
<tr><td>银行电汇或转账</td><td colspan="5">户　名：中资海派商务管理(深圳)有限公司
开户行：招行深圳科苑支行
账　号：81 5781 4257 1000 1
交行太平洋卡户名：桂林　卡号：6014 2836 3110 4770 8</td></tr>
<tr><td>附注</td><td colspan="6">1. 请将订阅单连同汇款单影印件传真或邮寄，以凭办理。
2. 订阅单请用正楷填写清楚，以便以最快方式送达。
3. 咨询热线：0755−25970306转158、168　传　真：0755−25970309
E-mail: szmiss@126.com</td></tr>
</table>

→利用本订购单订购一律享受 9 折特价优惠。
→团购 30 本以上 8．5折优惠。